K. W.
30. Mai 1996

Rainer Kakuska

Der Esoterik-Leitfaden

Von Abrakadabra und Alphawellen
bis Zodiak und Zombie

WILHELM HEYNE VERLAG
MÜNCHEN

HEYNE SACHBUCH
Nr. 19/5011

Ungekürzte Taschenbuchausgabe
im Wilhelm Heyne Verlag GmbH & Co. KG, München
Copyright © 1991 by Psychologie-heute-Taschenbuch,
Beltz Verlag, Weinheim und Basel
Printed in Germany 1994
Umschlagillustration: The Image Bank, München/M. Tcherevkoff
Umschlaggestaltung: Atelier Adolf Bachmann, Reischach
Satz: Satz- und Reprotechnik GmbH, Hemsbach
Druck und Verarbeitung: Druckhaus Beltz, Hemsbach

ISBN 3-453-07051-8

Für F. M. F.,
meinen liebsten Zuhörer

RAINER KAKUSKA, Jahrgang 1944, ist
Diplom-Psychologe und seit über 20 Jahren publizistisch
tätig. Er war Redakteur bei verschiedenen Zeitschriften,
unter anderem bei „Psychologie Heute" und „Esotera".
Heute lebt er als freier Autor in der Nähe von Freiburg.

Inhalt

Ein sonderbarer Trend (Einleitung)
9

Esoterik: Von A–Z
15

Lektüre-Empfehlungen eines Vor-Lesers
211

Ein sonderbarer Trend

Wann haben Sie das erste Mal von diesem „neuen Trend" gehört, sich dem Irrationalen zuzuwenden und längst überholte Formen des Aberglaubens aufleben zu lassen? Ich muß auf der Suche nach dieser Erinnerung erstaunlich weit zurückgehen, und ältere Leute kommen auf noch viel frühere Zeitpunkte.

Wann fing das an? Als die Beatles die → Transzendentale Meditation lernten? Als die ersten Hippies das Tibetanische → Totenbuch zu lesen begannen? Als der erste → Sannyasin ganz in Orange aus Poona zurückkam? Wann immer die Entwicklung in Ihr Blickfeld geraten sein mag – neu ist sie nicht.

Trotzdem begleitet das Wort „neuerdings" geradezu chronisch alles, was dazu gesagt und geschrieben wird. Mag der Artikel ein Jahr alt sein oder zehn, stets wird so getan, als sei alles gerade ausgebrochen: Immer mehr Menschen legen *neuerdings* die → Tarot-Karten, glauben *neuerdings* an die → Wiedergeburt, befragen *neuerdings* das → Pendel, und was sie sonst noch alles tun. Ebenso chronisch wird behauptet, es handle sich hier um eine Modeerscheinung.

Aber was ist das für eine Mode, über die sich so lange das gleiche sagen läßt? Moden kommen und gehen, sie sind gut für eine Saison, dann ist wieder etwas Neues dran. Auch regt man sich über Moden, wenn überhaupt, nur kurze Zeit ernsthaft auf.

Auf die Esoterik trifft das nicht zu. Seit langem löst sie bei einem großen Teil der Bevölkerung eine reflexhafte und verbissene Ablehnung aus. Privat sind die Beschimpfungen einfach, öffentlich etwas kunstvoller: „Die esoterische Zeitgeistlosigkeit, das Faible für schwarze Messen und düstere Mönche mit Gier unter der Kutte, das dämonisch-okkulte Land Pipifax . . ." – so tönt es verläßlich aus dem „Spiegel", seit überhaupt die ersten spirituellen Umtriebe gemeldet wurden.

Die Medien und der esoterische Boom – im Detail wäre das eine lange und lehrreiche Geschichte. Journalisten arbeiten ja oft mit heißer Nadel; ist etwas wirklich neu, so verwundert es nicht, wenn darüber zunächst einiger Unsinn zu lesen ist. Über Esoterik können sich die Kollegen aber nun seit mindestens zehn Jahren gut informieren. Es gibt Literatur, Vorträge, Seminare, es gibt zahlreiche Leute, die man nur anrufen müßte, um Genaueres zu erfahren. Trotzdem schicken Redaktionen seit Jahr und Tag verzagte Reporter los, die kaum jemanden kennen, die sich verwirrt quer durch ein paar Bücher lesen, eine Veranstaltung mitmachen und einfach nicht sagen können, worum es da eigentlich geht.

Bei keinem anderen Thema nimmt man gerade den, der nichts davon versteht. Für einen Artikel über die Gewerkschaft sucht man einen Autor, der Erfahrung mit Gewerkschaften hat; der Schreiber, der sich in der esoterischen Szene auskennt, kommt hingegen als Berichterstatter über sie nicht in Frage. Denn er ist ja wahrscheinlich „selber einer von denen".

Berühren verboten. Vorsicht, Ansteckungsgefahr! Lieber nicht zu genau hinsehen, ehe man sich's versieht, ist man „in die Esoterik abgedriftet", kann keinen klaren Gedanken mehr fassen und fällt einem Scharlatan zum Opfer. Es ist diese Quarantäne-Haltung, die den Trend so merkwürdig folgenlos erscheinen läßt, ihn im zeitlosen „neuerdings" einfriert. Für diejenigen, die sich nicht aktiv damit befassen, könnte alles, was mit dem Thema zu tun hat, ebensogut in einer Isolierstation stattfinden. Ob da drinnen die Belegungszahlen steigen, macht für die draußen keinen großen Unterschied.

Die Situation ist dauerhaft auf Mißverständnisse angelegt. Denn sie zwingt jeden, sich für oder gegen etwas zu entscheiden, was er noch nicht genau kennt. Ein → Skeptiker, der sich erst einmal umfassend informieren will, muß gute Nerven haben; sobald bei ihm das erste spirituelle Buch im Regal steht, wird er ständig gefragt, ob „das jetzt bei ihm auch schon losgeht", und gegenteilige Beteuerungen werden wenig Wirkung zeigen. Umgekehrt rechnet man in keiner esoterischen Veranstaltung ernsthaft mit jemandem, der noch irgendwelche Zweifel hat.

Die meisten Ablehner wissen also kaum, was sie ablehnen, die meisten Esoteriker stimmen viel zu schnell allem zu, was ihnen jenseits der Meinungs-Barriere begegnet. Realisten sind hüben wie drüben selten. Statt dessen produziert man Stereotypen wie aus dem Lehrbuch der Sozialpsychologie.

Die kopfschüttelnde Mehrheit sieht sich als Bollwerk der Vernunft. Ihrer Ansicht nach verliert man als erstes die Denkfähigkeit, wenn man sich mit esoterischen Fragen beschäfigt. Man ist dann abgefahren, für den Rest der Menschheit verloren, zu logischem Denken und bürgerlicher Lebensführung unfähig. Anständigerweise sollte man sich durch bizarres Verhalten zu erkennen geben; etwa indem man Kristalle um den Hals trägt, indische Gesänge anstimmt oder Räucherstäb-

11

chen abbrennt. Auch muß man beständig danach trachten, alle Menschen zur eigenen Ansicht zu bekehren.

Die spirituell Fortgeschrittenen wiederum halten sich für die Hüter der Weisheit. Sie gehen voran auf dem Weg in das höhere Bewußtsein, trachten unermüdlich nach der Wahrheit und haben eigentlich die meisten kosmischen Gesetze schon begriffen. Licht und Liebe, Sensibilität und Kreativität herrschen in ihren Reihen; Engel, Elfen und Ahnen finden in ihnen den idealen Ansprechpartner, die Zukunft von Mutter Erde ist bei ihnen in besten Händen.

Beide Lager sind sich einig, daß Welten zwischen ihnen liegen. Merkwürdig nur, daß dieser fundamentale Gegensatz so wenig nach sich zieht. Der Riß geht durch die Gesellschaft, aber er wirkt sich selten einmal aus. Ja, man kann die Angehörigen der beiden Parteien nicht einmal leicht erkennen. Auch wenn das niemand gerne hört, der *esotericus communis* eine unauffällige Art, weder durch Alter, Geschlecht, Beruf, Wohnort, noch durch Lebensstil sicher zu bestimmen.

Zu seinem Selbstverständnis paßt das nicht. Denn sein zentrales Thema ist ja die Veränderung, die Transformation. Entweder möchte man gleich ein neues Zeitalter einläuten (zu deutsch → New Age) oder doch mindestens sich selbst umkrempeln. Jeder bemüht sich nach Kräften und unter beträchtlichen Kosten, ein neuer Mensch zu werden. Vorbild ist oft, ausdrücklich oder implizit, der → Mystiker, der kompromißlos das Göttliche sucht und aus der Begegnung mit ihm von Grund auf gewandelt hervorgeht. Aber wenn man die Bücher einmal beiseite legt und in die → Workshops und Seminare geht, erkennt man schnell, daß die Wirklichkeit weniger dramatisch verläuft.

Als die Minderheit noch klein war, war es tatsächlich ein radikaler Schritt, sich zu ihr zu gesellen. Heute aber findet der „Sucher" eine gut etablierte Subkultur vor, die den Schock der Transformation außerordentlich abmildern kann. Niemand muß sich grundsätzliche Fragen stellen, die Antworten liegen alle schon fertig vor; niemand wird in Zweifel gezogen, niemand allein gelassen, in jeder Nische gibt es genügend Gleichgesinnte. Wer heute noch durch seinen persönlichen Eintritt ins New Age in Turbulenzen kommt, der hat sich das selber ausgesucht. Wer will, kann es sich in der → Sanften Verschwörung gemütlich machen, ohne auf irgendeinen Komfort verzichten zu müssen (nur den Freundeskreis muß er wechseln).

„Nachrichten von meinem Tode stark übertrieben", telegraphierte einst Mark Twain, und ich glaube, über die Nachrichten von der Zeitenwende kann man das gleiche sagen. Für die Einrichtung von Isolierstationen besteht kein vernünftiger Grund. Durch die wachsende Neigung zur Esoterik wird in absehbarer Zeit weder der Untergang des rationalen Abendlandes noch der → Quantensprung im Bewußtsein der Menschheit herbeigeführt. Da gibt es ganz andere Anlässe zu massiven Umwälzungen, wie jeder Fernsehzuschauer weiß.

Vor diesem Hintergrund ist das vorliegende Buch geschrieben. Ich versuche hier etwas, was aus der Mode gekommen ist, ich versuche wieder einmal die Kommunikation zwischen den „Lagern", die einander viel näher stehen, als sie glauben. Ich setze also nichts voraus, möchte Grundbegriffe erklären, grundlegende Gedankengänge erläutern und Außenstehenden den typischen, anfangs so verwirrenden Sprachgebrauch der Szene entschlüsseln.

Dabei beziehe ich meist nicht Stellung. Das mag zunächst irritieren, weil man sich bei diesem Thema so daran gewöhnt hat, Bekenntnisse abzulegen und vom anderen zu verlangen. Aber genau deshalb herrscht an Bekenntnissen schon lange kein Mangel. Was ich persönlich glaube, würde bei fast jedem Stichwort eine längere Epistel erfordern, und auch dann müßte ich meine Ansicht als äußerst vorläufig deklarieren. Mich hat immer das Fragen fasziniert, ich kann mir nicht vorstellen, daß ich jemals die Akten schließe und behaupte, nun wüßte ich alles ganz genau.

Aus dem gleichen Grund habe ich nicht das geringste Interesse, irgend jemanden „zur Esoterik zu bekehren". Wohl liegt mir daran, die bisweilen absurden Verzerrungen und Klischees aufzulösen, die die Diskussion beherrschen; aber welchen Reim Sie sich auf die Information machen, soll nicht meine Sorge sein. Sie haben hier also ein Sachbuch im ganz altmodischen Sinn in der Hand, eine Darstellung, kein Statement.

Was man heute so Esoterik nennt, ist, neben allem anderen, auch ein riesiges Wissensgebiet. Technisch wäre es überhaupt kein Problem, daraus zum Beispiel einen zehnsemestrigen Studiengang zu machen, bei dem noch reichlich Stoff für weiterführende Dissertationen bliebe (Abschluß also wahlweise mit Dipl.-Esot. oder Dr. mag.). Da kann ein Buch wie das vorliegende nur eine bescheidene Einführung sein, vergleichbar jenen Wörterbüchern, die man auf eine Reise mitnimmt, um erst einmal im fremden Land zurechtzukommen. Wer sich dem „Studium" ernsthaft widmen will, findet mehr Bücher vor, als je ein Mensch in einer → Inkarnation lesen kann. Darüber wird nach den Stichwörtern (S. 211 ff.) noch mehr gesagt.

A

Abrakadabra Kaum zu glauben, aber wahr: Dieses Wort entstammt tatsächlich der magischen Tradition und wurde lange Zeit für sehr wirkkräftig gehalten. Man schrieb es z. B. auf → Amulette, elfmal untereinander, wobei in jeder Zeile ein Buchstabe weggelassen wurde, bis nur noch A übrigblieb. Dadurch sollten Krankheiten zum Verschwinden gebracht werden. → Hokuspokus, → Magie.

Adept *lat.: adeptus;* der erlangt hat. Ein → Meister des Okkulten, der durch seine Initiation (→ Einweihung) über profundes Wissen und magische Kräfte verfügt (→ Erleuchtung).

Aikido Eine Form des unbewaffneten Kampfes, die von dem Japaner Morihei Uyeshiba († 1969) entwickelt wurde. A. baut auf den traditionellen Kampfkünsten der Samurai auf, ist aber im Gegensatz zu diesen rein defensiv. Man kann mit A. nur Angriffe abwehren, aber nicht selbst attackieren. Die Kunst besteht darin, keinen Widerstand zu leisten, sondern die Kraft des Angreifers aufzunehmen und umzuleiten. Obwohl sich A. durchaus auch in der Praxis bewährt, betreiben seine Anhänger es doch hauptsächlich als Schulung von Körper und Geist. → Kampfkünste.
Lit.: Heinz Patt: Aikido – Dynamik und Harmonie. München 1987.

Akasha *Sanskrit:* Raum, Äther. Eines der fünf → Elemente des Hinduismus. Den Begriff der „A.-Chronik" haben, wie vieles andere, die → Theosophen in den esoterischen Wortschatz des Westens eingeführt. Die A.-Chronik gilt als eine Art → astrales Gedächtnis, in dem alle Ereignisse seit Anbeginn der Welt gespeichert sind und aus der sie u. U. wieder aufgerufen werden können. (→ Hologramm).

Wenn jemand im Ruf steht, er könne „in der A.-Chronik lesen", so heißt dies, daß er auf hellseherischem Wege Kenntnis von der Vergangenheit erlangen kann (→ Retrokognition). So sollen etwa zahlreiche Aussagen über die Frühgeschichte der Menschheit zustande gekommen sein (→ Cayce, → Atlantis). Heutzutage wird eine solche Person meist von Wiedergeburtsgläubigen konsultiert, die etwas über ihre früheren → Inkarnationen wissen wollen.

Lit.: Rudolf Steiner: Aus der Akasha-Chronik. Dornach 1987.

Akupunktur Mindestens 5000 Jahre altes chinesisches Heilverfahren, bei dem feine Nadeln in bestimmte Punkte der Haut gestochen werden. Die A. beruht auf einer äußerst detaillierten Vorstellung vom Fluß der Lebensenergie → Chi im menschlichen Körper. Chi soll in zwölf Hauptbahnen fließen, den sog. → Meridianen, die an den A.-Punkten knapp unter der Hautoberfläche liegen und dort am besten beeinflußt werden können. Krankheiten gelten als Ergebnis eines gestörten Energieflusses. Diesen versucht nun der Akupunkteur durch seine gezielten Interventionen wieder zu harmonisieren.

Manche modernen Formen der A. verzichten auf den Einsatz von Nadeln; statt dessen werden die Punkte durch elektrische Ströme, Laser-Licht oder akustische Schwingungen stimuliert. Von „Akupressur" spricht man, wenn diese Stimulation durch Massieren mit den

Fingerspitzen erfolgt. A. wird gegen die verschiedensten Leiden mit Erfolg eingesetzt; besonders spektakulär ist ihre Anwendung zur Anästhesie bei Operationen.

Nur ihrer Wirksamkeit ist es zu verdanken, daß sich die A. überhaupt bei uns durchgesetzt hat, obwohl ihre Theorie dem naturwissenschaftlichen Denken krass zuwiderläuft. Die meisten westlichen Schulmediziner taten den postulierten Energiefluß noch bis vor kurzem als offensichtlich abstrus ab – und schlossen daraus a priori, A. könne einfach nicht funktionieren. So kann man sich irren. → Logik, → Wunder, → Esoterik und Wissenschaft.

Lit.: Dr. Wolf Ulrich: Schmerzfrei durch Akupressur und Akupunktur. München 1976.

Alchemie *arab.: al kimiya;* die ägyptische Kunst. Seit jeher galt der Umgang mit Feuer und die Metallgewinnung als heiliger Vorgang, als Eingriff in das Mysterium der Natur. Aus diesem Grund standen Schmiede immer im Ruf der Zauberei, ihre Arbeit war von Tabus und rituellen Vorkehrungen begleitet.

Auf diesem Hintergrund entwickelte sich zu Beginn unserer Zeitrechnung die Arbeit mit der Materie als Weg der → Einweihung, die A. im engeren Sinne. In ihr waren geistige und materielle Vorgänge untrennbar verbunden, „die alchemistische Laborarbeit war Gebet, Meditation und Experiment in einem" (Jörg Wichmann). In ihren Schriften verschlüsselten die Alchemisten ihr Wissen durch Allegorien und → Symbole, so daß man schon zu ihren Zeiten nur mit Hilfe eines Meisters und nicht aus Büchern Alchemist werden konnte. Nach dem Aussterben dieser Tradition stand die Nachwelt dann kopfschüttelnd vor einer großen Menge unverständlicher Texte.

Unser gängiges Bild der A. stammt hauptsächlich aus den Zeiten ihres Niedergangs, als das Versprechen der Goldmacherei mehr und mehr zum probaten Mittel wurde, leichtgläubigen Fürsten größere Geldbeträge zu entlocken. Es war vor allem das Verdienst von C. G. → Jung zu zeigen, daß die Alchemisten mehr waren als nur Phantasten, Hochstapler und inkompetente Chemiker. Allerdings neigt Jung dazu, die A. über Gebühr zu psychologisieren. Er sieht an ihr hauptsächlich die inneren Vorgänge – und damit wieder nur einen Teilaspekt des alchemistischen Prozesses. → Magnum Opus.

Lit.: Mircea Eliade: Schmiede und Alchemisten. Stuttgart 1980.

Alphawellen Das menschliche Gehirn erzeugt durch seine vielfältigen elektrischen Aktivitäten schwache, rhythmische Spannungsschwankungen auf der Kopfhaut, die im „Elektro-Enzephalogramm" (EEG) gemessen und aufgezeichnet werden können. Die Frequenz dieser „Gehirnwellen" läßt gewisse Rückschlüsse auf den Gesamtzustand des Menschen zu. A. haben eine Frequenz von 8 bis 12 Hertz und sollen in entspannter, meditativer Verfassung besonders stark auftreten.

Oft wird das Vorhandensein von A. einfach als Indikator für „Versenkung" gewertet; zum Beispiel heißt in der → Silva Mind Control dieser Zustand schlicht „Alpha" („Erzeugen Sie Alpha, indem Sie...")). So einfach liegen die Dinge aber nicht. Das EEG von Meditierenden unterscheidet sich von Person zu Person stark; auch spielt eine Rolle, welche *Methode* der *Meditation* angewandt wird (→ Meditation). Deshalb sind sogenannte „Alpha-Trainer", also → Biofeedbackgeräte, die weiter nichts tun, als A. zu registrieren, selten ihr Geld wert.

Alte Seele Ein Mensch, der schon viele Erdenleben hinter sich hat und durch die gesammelten Erfahrungen überdurchschnittlich weise ist. Besonders bei manchen Kindern meinen viele Anhänger von Reinkarnationslehren diesen Entwicklungsvorsprung deutlich zu erkennen. Sich selbst als A. S. zu bezeichnen, kann eine esoterische Form der Angeberei sein; daß sich jemand als „junge Seele" einstuft, kommt selten vor.

Amulett Ein kleiner Gegenstand, dessen Tragen vor Unheil schützen soll. A. sind meist mit → Symbolen oder Sprüchen geschmückt, denen eine besondere Wirkung nachgesagt wird und die ursprünglich der Kultur des Trägers entstammten. Dem heutigen Esoteriker steht dank des einschlägigen Fachhandels ein breitgefächertes Angebot aus vielen Zeiten und Traditionen zur Verfügung (Beispiel: „Kabbalistisches Genienamulett, 925er Silber, Durchmesser 3,5 cm, DM 185,– Best.-Nr. 2418"). Auch die unter Autofahrern beliebte Christophorus-Medaille soll die Funktion eines A. erfüllen. → Magie.

Anthroposophie *griech.;* Menschenweisheit. Auf den deutschen Okkultisten Rudolf → Steiner zurückgehende Lehre. Steiner war zunächst führendes Mitglied der → Theosophen, trennte sich dann aber von ihnen, um sein eigenes System zu entwickeln. Er nannte es A., um zu betonen, daß bei ihm der Mensch (*griech.: anthro-*

pos) und nicht die Gottheit (*griech.: theos*) im Mittelpunkt steht. Tatsächlich weisen A. und Theosophie aber große Ähnlichkeiten auf, was Steiners Anhänger heute nicht mehr gerne hören.

Steiner verstand die A. als „Geisteswissenschaft", als einen Schulungsweg, der den einzelnen befähigen sollte, „Erkenntnisse der höheren Welten zu erlangen". Seine Nachfolger haben sich allerdings weniger um eigene Erkenntnisse bemüht, als sich vielmehr auf die umfangreichen Schriften des Gründers verlassen.

Die A. hat viel dazu beigetragen, theosophisches und → hermetisches Gedankengut zu verbreiten. Große Wirkung hat auch die von Steiner angeregte Praxis ausgeübt: u. a. die biologisch-dynamische Landwirtschaft, die „Waldorf"-Pädagogik, die anthroposophische Medizin und die „Christengemeinschaft".

Durch die spirituelle Renaissance der letzten Jahre ist die A. in gewissem Sinne „eingeholt" worden. Positionen, die lange Zeit nur sie vertreten hat, sind nun wesentlich stärker verbreitet. Zu einem nennenswerten Austausch zwischen A. und anderen Richtungen ist es aber nicht gekommen.

Lit.:   Rudolf Steiner: Wie erlangt man Erkenntnisse der höheren Welten? Dornach 1961.
Ders.: Die Geheimwissenschaft im Umriß. Dornach 1981.

Arcan *lat.;* verborgen, geheim. Als *arcanum* wurden im alten Rom die Inhalte der → Mysterien bezeichnet und im weiteren Sinne alles, was Uneingeweihten verborgen bleiben sollte. Die Bilderkarten des → Tarot werden „Arkana" genannt. In → Geheimgesellschaften spricht man auch von der Notwendigkeit, „A.-Disziplin zu halten". → Einweihung.

Archetypus Von C.G. → Jung aus der → Hermetik übernommener Begriff, der soviel wie „Urbild" bedeutet. Nach Jung schlummern A.en als grundlegende psychische Konstellationen im „kollektiven Unbewußten" und drängen danach, verwirklicht zu werden. Ihren klarsten Ausdruck finden sie in → Mythen, Sagen und Märchen, aber auch in → Träumen und → Visionen. Das Leben jedes einzelnen Menschen wird von ähnlichen A.en bestimmt. Beispiele: die Große Mutter, der Held, die Reise, der weise Alte, Geburt und Tod... Indem Jung den A.en eine autonome Existenz zuschrieb, brachte er sie in starke Nähe zum Begriff der → Gedankenform.

Lit.: C.G. Jung: Über die Archetypen des kollektiven Unbewußten, in: Von den Wurzeln des Bewußtseins. Zürich 1954.

Asanas Die speziellen Körperhaltungen, die im Hatha- → Yoga eingenommen werden. Oft tragen sie sehr anschauliche Namen, wie etwa „Kobra", „Löwe" oder „Pflug".

Lit.: Richard Hittleman: Yoga – das 28-Tage-Programm. München 1983.

Ashram Ein Zentrum, in dem ein → Guru seine Jünger um sich versammelt und unterweist.

Ashtar Wichtige Bezugsperson für viele Freunde der → Außerirdischen. Das A.-Kommando steht angeblich schon mit einer großen Flotte von Raumschiffen bereit, um beim unvermeidlichen Weltuntergang Auserwählte zu evakuieren. Wer das glaubt, hat größere Chancen, mitgenommen zu werden.

Aspekt In der → Astrologie der Winkel, in dem → Planeten im → Horoskop zueinander stehen. Er zeigt an, in welcher Weise die durch die Planeten symbolisierten Funktionen zusammenwirken.

Assassinen Islamischer Geheimbund, der im 11. und 12. Jh. im Mittelmeerraum durch politische Morde Angst und Schrecken verbreitete. Seine Mitglieder führten jeden Mordauftrag ihres Führers ohne Zögern aus, auch wenn sie selbst dabei umkamen. Diese fanatische Ergebenheit ist vermutlich durch Techniken der Bewußtseinskontrolle erzielt worden, die ursprünglich von den → Sufis stammten und an Uneingeweihte nicht weitergegeben werden durften. Die A. gelten daher als eindrucksvolles Beispiel für den Mißbrauch esoterischen Wissens.
Lit.: Ernest Scott: Die Geheimnisträger. München 1989.

Astral *griech.: aster;* Stern. Der Welt der Vorstellung und → Imagination zugehörig. A.e Vorgänge sind aus esoterischer Sicht ebenso konkret und real wie materielle. → Astralkörper, → Astralprojektion.

Astrale Ebene Jene Form der Realität, die der materiellen sehr ähnlich, nur weniger „dicht" ist. In ihr finden Gedanken, Vorstellungen, → Träume statt; die Seelen Verstorbener sowie eine Fülle von Geistwesen bevölkern die A. E.

Jede materielle Manifestation beginnt damit, daß sich das zu Manifestierende zunächst einmal astral formt, um dann durch weitere Verdichtung materiell zu werden. Daher kann durch Handlungen auf der A. n. E. das Geschehen auf der materiellen Ebene beeinflußt werden. Umgekehrt wirken sich materielle Vorgänge auf die A. E. aus.

Beispiele für das Zusammenspiel astraler und materieller Faktoren sind die von den → Parapsychologen untersuchten → physikalischen Phänomene oder die → Tonbandstimmen.

Die → Magie versucht, diese Wechselwirkung gezielt auszunutzen. Sie wird aber nach esoterischer Auffassung auch wirksam, wenn man sich ihrer nicht bewußt ist. Deswegen beeinflußt das „innerseelische" Geschehen sehr wohl die Umwelt. Es erzeugt auf der A. n. E. Strukturen, z. B. → Gedankenformen, die nicht nur den Menschen tangieren, der sie hervorgebracht hat. So gesehen ist die A. E. eine Art „psychischer Äther", über den alle Menschen miteinander verbunden sind, ein Treffpunkt für Seelen und Geistwesen.

Nach dem physischen Tod findet sich die Seele zunächst auf der A. n. E. wieder, von wo aus sie im Zuge ihrer weiteren Entwicklung zu höheren → Ebenen aufsteigt. → Erdgebundene Seelen verbleiben aber auf der A. n. E. und warten auf die Gelegenheit zur neuerlichen → Inkarnation; manche pflegen derweil Konversation mit → Spiritisten.

Möglicherweise deswegen hat die A. E. in manchen Lehren einen ausgesprochen schlechten Ruf. Dort werden sogar Meditierende davor gewarnt, sich von den „Trugbildern" der A. n. E. faszinieren zu lassen. Man rät ihnen statt dessen, schleunigst in höhere Regionen vorzudringen. Das Hängenbleiben einer Seele auf der A. n. E. gilt vollends als Tragödie.

Astralkörper Das astrale Gegenstück des physischen Körpers, manchmal auch „Astralleib" genannt. Die Idee

23

eines „astralen Doppels" wird sehr konkret für Menschen, die eine → außerkörperliche Erfahrung erleben. Die Betreffenden haben das Gefühl, in einem Körper zu sein, der aber nicht am gleichen Ort ist wie ihr physischer Körper. Der A. kann sich dabei gelegentlich so verdichten, daß ihn andere Menschen wahrnehmen (→ Erscheinung).

Im Normalzustand ist der A. so eng mit dem physischen verbunden, daß seine Eigenständigkeit nicht auffällt. Aber auch da geschieht die Wahrnehmung letztlich durch ihn, weshalb er auch „Empfindungskörper" genannt wird.

Nach dem Tod, so wird angenommen, löst sich der A. endgültig vom physischen Körper und beginnt ein längeres Dasein auf der → Astralen Ebene.

Lit.: Robert Monroe: Der Mann mit den zwei Leben. München 1986.
Ders.: Der zweite Körper. München 1989.
Sylvan Muldoon & Hereward Carrington: Die Aussendung des Astralkörpers. Freiburg 1983.

Astralprojektion Auch „Astralreisen" oder „die Aussendung des Astralkörpers" genannt. Bewußtes Herbeiführen einer → außerkörperlichen Erfahrung. Für → Schamanen eine wichtige Technik, da sie auf diese Weise Informationen beschaffen und mit → Geistern und Seelen interagieren können. Mit dem gleichen Ziel trainierten auch spätere magische Schulen diese Fähigkeit.

Lit.: James H. Brennan: Astral-Projektion. Freiburg 1991.

Astrologie Lehre vom Zusammenhang zwischen dem Geschehen am Himmel und auf der Erde. Die Praxis der systematischen Himmelsbeobachtung und -deutung ist uralt. Unsere heutige Form der A. geht wahrscheinlich auf die Sumerer und Babylonier zurück.

Grundgedanke der A. ist, daß jedem Moment in der Zeit eine spezifische Qualität eigen ist, die sich in allem widerspiegelt, was zu diesem Zeitpunkt geschieht, und sich am Stand der Gestirne ablesen läßt.

Um diese Zeitqualität zu ermitteln, werden die Positionen der → Planeten (zu denen auch Sonne und Mond zählen) an einem bestimmten Ort zu einer bestimmten Zeit in einem kreisförmigen Schema eingetragen, das in zwölf Sektoren unterteilt ist, den bekannten → Tierkreiszeichen. Dieses schematisierte Zustandsbild des Himmels heißt → Horoskop.

Prinzipiell läßt sich ein Horoskop für jeden Zeitpunkt stellen, die A. richtet aber besonderes Augenmerk auf Anfänge, speziell auf den Anfang des menschlichen Lebens. Die Qualität des Augenblicks, in dem ein Mensch „das Licht der Welt erblickt", sagt nach Ansicht der A. Wesentliches über seinen Charakter aus sowie über die Themen, mit denen er sich in diesem Leben auseinandersetzen wird.

Bei der Erstellung eines Horoskops werden zunächst rein mathematisch astronomische Gesetzmäßigkeiten angewandt; es ist also keineswegs „unesoterisch", diese Arbeit von einem Computer ausführen zu lassen. Das gilt freilich nicht für die Interpretation.

Ein Horoskop liefert u. a. folgende Informationen: 1. die Stellung der Planeten in den Zeichen; 2. die Stellung der Planeten in den „Häusern". Damit ist eine zweite Einteilung des Kreises in wiederum zwölf Sektoren gemeint, die beim → Aszendenten beginnt, jenem Zeichen, das im Augenblick, für den das Horoskop erstellt wird, am Horizont aufgeht; 3. die Stellung der

Planeten zueinander, die → Aspekte; 4. die Stellung des → Mondknotens in den Zeichen und Häusern.

Astrologisch interessant ist dies alles deswegen, weil mit jedem dieser Faktoren eine reichhaltige Symbolik verbunden ist: 1. Die Planeten stehen für seelische Funktionen des Menschen (z. B. der Merkur für den Verstand, der Mars für Durchsetzungsvermögen, der Mond für das Gefühlsleben). 2. Jedes der Zeichen hat einen spezifischen Charakter, der wiederum durch seinen „Planetenherrscher" mitbestimmt ist und durch das → Element, das mit ihm assoziiert ist. Steht nun ein bestimmter Planet in einem bestimmten Zeichen, so beeinflußt dieses die Form, in der eine bestimmte psychische Funktion zum Ausdruck kommen wird. 3. Die Häuser symbolisieren bestimmte Lebensbereiche (Liebe, Arbeit, Besitz etc.), in denen nun wiederum die Planeten ihr Wesen treiben können. 4. Die Aspekte geben die Interaktion der Planeten wieder.

Schon aus dieser (sehr komprimierten!) Darstellung wird deutlich, wie viele einzelne Konstellationen bei der Auslegung eines Horoskops zu berücksichtigen sind. Das bedeutet einmal, daß die „Volks-A." („Steinböcke sind ehrgeizig", „Stier und Jungfrau passen zusammen") mit der ernsthaften A. kaum etwas gemeinsam hat, weil sie eine einzige Information des Horoskops benutzt, das → Sonnenzeichen.

Zum anderen machen die zahlreichen Faktoren bei aller scheinbaren Exaktheit doch die Interpretation äußerst flexibel. Ein versierter Astrologe findet für fast alles, was er glaubt, eine Konstellation, die seinen Eindruck „belegt". Aus dem gleichen Grund läßt sich die Richtigkeit der A. immer eindrucksvoll am Horoskop von berühmten historischen Persönlichkeiten demon-

strieren. (Der Psychologe H. J. Eysenck hat einmal spa-
ßeshalber nachgewiesen, daß Beethoven unmusikalisch
war – sein Horoskop war der Beweis!) Anders gesagt:
Auch wenn die A. eine Fülle von hochformalisierten
Operationen durchführt, so ist die Intuition des Astrologen doch ein, wenn nicht sogar der entscheidende
Faktor.

Astrologen begründen ihre Aussagen meist mit dem
Hinweis auf „jahrtausendealtes Wissen" und „Erfah-
rungswerte". Versuche, die Postulate der A. mit den
Mitteln der modernen Sozialforschung zu überprüfen
(Gauquelin, Niehenke), brachten tatsächlich einige Ergebnisse, die in die erwartete Richtung wiesen. Für den
traditionellen Astrologen sind solche Bestätigungen
aber nicht viel wert. Denn dabei werden notwendigerweise Menschen mit grundverschiedenen Geburtsho-
roskopen in einen Topf geworfen.

Die A. ist allerdings mehr als nur eine komplizierte
Orakelmethode; sie ist eine Lehre vom Aufbau der
Welt, aus der sich praktische Konsequenzen ziehen lassen. Viele Astrologen sind so mit den Details der Anwendung beschäftigt, daß ihnen der esoterische Hintergrund ihrer Kunst recht unklar ist. So fallen sie oft selbst
dem verbreiteten Vorurteil anheim, die A. behaupte einen *Einfluß* der Sterne auf den Menschen („In der
nächsten Woche spielt Ihnen der Saturn böse mit"); bei
der theoretischen Begründung dieser These kommen
sie dann in die ärgsten Schwierigkeiten.

Die A. sagt aber etwas über die innere Beziehung
von gleichzeitigen Ereignissen aus (→ Synchronizität),
nicht über Zusammenhänge von Ursache und Wirkung. Sie ist damit ein Paradebeispiel für das → vertikale Denken. → Esoterisches Weltbild, → Orakel.

Lit.: Hans Jürgen Eysenck/David Nias: Astrologie – Wissenschaft oder Aberglaube? München 1984.
Liz Greene: Schicksal und Astrologie. München 1985.
Alfons Rosenberg: Zeichen am Himmel. München 1984.
Harald Wiesendanger: Der Streit ums Horoskop. Braunschweig 1990.
PS: Empfehlungen zum Thema A. sind immer ein problematisches Unterfangen, da die Fülle der Literatur einfach erdrückend ist.

Aszendent In der → Astrologie dasjenige → Tierkreiszeichen, das im Moment der Geburt am Horizont aufgeht. Der A. wird für Charakter und Lebensweg einer Person als ebenso bestimmend angesehen wie das → Sonnenzeichen. Um den A. bestimmen zu können, muß man Ort und genauen Zeitpunkt der Geburt wissen.

Lit.: Herbert Schmatzberger: Das aufsteigende Zeichen. Berlin 1983.

Ätherleib Bei manchen Autoren ein anderer Name für den → Astralkörper, manchmal aber auch von diesem unterschieden. Hier gilt dann der Ä. als eine Art energetische Gußform, als „ein Muster jener Kräfte, die den physischen Körper formen", wie es der Engländer (J. H. Brennan) ausdrückt. Nach dieser Auffassung steht der Ä. der materiellen Existenzform näher als der Astralkörper.

Atlantis Sagenhafter Kontinent, der vor rund 10000 Jahren im heutigen Atlantik versunken sein soll. Einige berühmte esoterische Autoren und Seher, z.B. Edgar → Cayce, H.P. → Blavatsky und Rudolf → Steiner, haben sehr detaillierte Aussagen über A. gemacht; und obwohl kaum jemand dieses Material in seinem ganzen Umfang kennt, hat sich doch in der esoterischen Szene ein gewisser Konsensus bezüglich A. herausgebildet.

Die Menschen von A. waren demnach größer, entschieden langlebiger und spirituell viel höher entwikkelt als wir. Sie konnten telepathisch kommunizieren, hellsehen und die Materie in einer Weise manipulieren, die alle spätere Magie in den Schatten stellte. Das wurde ihnen aber auch zum Verhängnis: Mehr und mehr wurde die Magie zum Zwecke des persönlichen Machtgewinns mißbraucht, bis die freigesetzten Kräfte nicht mehr zu kontrollieren waren. Es kam zum Größten Anzunehmenden Magischen Unfall, der Kontinent versank in den Fluten.

Vorher waren aber zahlreiche Atlanter in andere Teile der Welt ausgewandert, wo sie ihre überlegene Kultur, Spiritualität und Technik an die Eingeborenen weitergaben. Bruchstücke der Tradition von A. sind heute noch als Geheimwissen überliefert.

Sehr beliebt ist es unter Esoterikern derzeit, sich an eine frühere → Inkarnation auf A. zu erinnern. Damit einher geht die Überzeugung, viele frühere Atlanter würden gerade heute wieder inkarnieren, um die Welt vor einem ähnlichen Schicksal zu bewahren, wie es A. einst widerfuhr.

Lit.: Otto Muck: Alles über Atlantis. München 1978.

Aufgestiegene Meister → Meister.

Aura Lichtschein um den menschlichen Körper, der von → Sensitiven wahrgenommen werden kann. Die Beschreibungen der A. sind nicht einheitlich; übereinstimmend wird aber berichtet, daß sich Form und Farbe der A. mit dem Gemüts- und Gesundheitszustand des Menschen verändern. Erfahrene Sensitive können auf diese Weise erstaunlich genaue Diagnosen erstellen. Spirituell hochentwickelte Menschen sollen eine besonders große und helle A. haben. Dies ist vermutlich der Grund für die bekannten „Heiligenscheine" auf alten Darstellungen.

Kinder nehmen die A. oft wahr, verlieren diese Fähigkeit aber, wenn sie älter werden. Erwachsene können A.-Sehen bis zu einem gewissen Grad üben; manchmal stellt es sich auch im Rahmen esoterischer Schulungen spontan ein. Der englische Arzt Walter J. Kilner entwickelte schon im vorigen Jahrhundert eine Methode, mit der auch nicht hellsichtige Personen auf sehr prosaische Weise dazu gebracht werden, die A. wenigstens schwarz-weiß wahrzunehmen: er ließ seine Versuchspersonen längere Zeit durch einen Filter schauen, der nur extrem monochromatisches blaues Licht durchließ. (Heute gibt es blaue „A.-Brillen" im esoterischen Versandhandel.)

Mit Hilfe der modernen Meßtechnik ist es möglich, schwache Energiefelder um den Körper nachzuweisen. Das bekannteste dieser Verfahren ist die → Kirlianphotographie.

Lit.: Lea Sanders: Die Farben deiner Aura. München 1990.

Außerirdische Ein Thema, von dem selbst viele Esoteriker die Finger lassen. Denn mit nichts anderem erwirbt man sich so schnell den Ruf eines Spinners als mit dem Bekenntnis, man halte die Existenz von A. für möglich.

Tatsächlich tummeln sich auf diesem Gebiet viele Eiferer und Sektierer; allerdings sagt das nichts über die

Faktenlage aus (→ Logik). Festzustellen ist, daß zum Thema A. eine Fülle von Beobachtungen vorliegt.

Kaum mehr überschaubar sind die Sichtungen von → UFOs, die allgemein mit A. n in Verbindung gebracht werden. Daneben gibt es aber auch Berichte und sogar Photos von der direkten Begegnung mit A. n. Aus den Beschreibungen kristallisieren sich sechs verschiedene Grundtypen oder „Stämme" heraus, wobei die am häufigsten gesehenen tatsächlich kleine Männchen sind (etwas über einen Meter groß), aber *nicht grün*, sondern grau bis ocker.

Für unser Empfinden am phantastischsten sind jene Fälle, in denen Personen angeben, von A. n entführt worden zu sein. Da die Betreffenden auch von veränderten Bewußtseinszuständen, Gedächtnislücken und veränderter Zeitwahrnehmung berichten, ist schwer zu klären, ob es sich dabei nicht vielleicht um eine besondere Art von → außerkörperlichen Erfahrungen handelt.

In den → Mythen vieler Völker wird übereinstimmend von überlegenen Wesen berichtet, die vom Himmel kamen und den Menschen die Kultur brachten. Autoren wie Erich von Däniken und Johannes von Buttlar sind dadurch bekannt geworden, daß sie dies wörtlich nehmen und die Götter als A. auffassen. Bauwerke, deren Zustandekommen man sich heute nicht mehr erklären kann, wie z. B. die Bauten der → Megalithkultur oder der Inkas, werden dann als Zeugen für das Wirken der „Astronauten" betrachtet. Obwohl die Verfechter dieser These die „Beweise" sehr großzügig in ihrem Sinne interpretieren, klänge der allgemeine Spott über sie doch überzeugender, wenn man eine bessere Erklärung für die Rätsel der Vergangenheit hätte, auf die sie hinweisen.

Menschen, die sich viel mit A. n beschäftigen, neigen manchmal zu einer quasi-religiösen Verehrung ihnen gegenüber. Die A. n werden dann als Heilsbringer und Retter der Menschheit betrachtet (→ Ashtar). Daß auch zunehmend „gechannelte" Botschaften von A. n. in Umlauf sind, scheint dabei unvermeidlich (→ Channeling). Diese Gruppen führen aber ein eigenständiges Leben in der esoterischen Szene. Die meisten Esoteriker verehren, wenn schon, lieber einen lebenden → Guru oder einen körperlosen → aufgestiegenen Meister.

P s: In den USA gibt es ein Bundesgesetz *(Title 14, Section 1211, Code of Federal Regulations, July 16, 1969)*, das den Kontakt mit A. n unter Strafe stellt.

Lit.:   Ulrich Dopatka: Lexikon der Prä-Astronautik. Düsseldorf 1979.
Whitley Strieber: Die Besucher. München 1990.

Außerkörperliche Erfahrung Das Gefühl, bei normalem Bewußtsein, aber nicht innerhalb des eigenen Körpers zu sein. Menschen, die eine A. K. E. machen, erleben zunächst den Austritt aus ihrem Körper, den sie danach von außen sehen können. Dann haben sie das Gefühl, sich frei bewegen, Türen und Wände zu durchdringen und große Strecken überwinden zu können, wobei offenbar Gedanken- und Willensimpulse bestimmen, wohin man gelangt. Die Wahrnehmung ist dabei unbeeinträchtigt; oft können im Zustand der A. K. E. weit entfernte Orte und Ereignisse genau wahrgenommen und später zutreffend beschrieben werden.

Gelegentlich werden „Astralreisende" an dem Ort, an den sich ihr Bewußtsein „projiziert" hat, tatsächlich wahrgenommen – ein Phänomen, das große Ähnlichkeit mit → Erscheinung und → Spuk hat. Personen, die eine A. K. E. gemacht haben, betonen immer wieder, daß ihre Erlebnisse nicht mit Träumen zu verwechseln sind, sondern so real wie Alltagswahrnehmungen erscheinen (manchmal sogar noch realer).

Eine A.K.E. tritt am Anfang von → Nahtod-Erfahrungen fast immer auf, sie kann sich aber auch spontan einstellen oder durch Erschöpfung, Krankheit, → Drogen oder exzessive → Meditation ausgelöst werden. Viele Menschen scheuen sich allerdings, von solchen Erfahrungen zu berichten, aus Angst, für verrückt gehalten zu werden.

→ Schamanen können eine A.K.E. willentlich herbeiführen, wobei sie meist Klänge, Tänze, Gesänge und Drogen als Auslöser einsetzen. Auch spätere magische Schulen haben sich um diese Fähigkeit bemüht. Das absichtliche Auslösen einer A.K.E. nennt man → Astralprojektion.

A.K.E.en sind eine wesentliche Grundlage für die Überzeugung von einem unabhängigen Leben der Seele und des → Astralkörpers.

Lit.: Robert Monroe: Der Mann mit den zwei Leben. München 1986.
Ders.: Der zweite Körper. München 1989.

Außersinnliche Wahrnehmung Abgekürzt ASW. Unmittelbare Erfahrung, die durch kein uns bekanntes Sinnesorgan vermittelt wurde – trotzdem treffen die dadurch erlangten Informationen zu. Hierzu gehört → Telepathie, → Hellsehen, → Präkognition, → Retrokognition, → Psychometrie. → Psi, → Parapsychologie.

Autogenes Training Was heute in Arztpraxen und Volkshochschulen als grundsolide Entspannungsübung gilt, hat esoterische Wurzeln. Lange vor J.H.

Schultz, der als „Erfinder" des A. T. s gilt, wurde es schon in gewissen Schulen der → Theosophie gelehrt. Seine Ursprünge liegen im → Yoga und in buddhistischen Meditationspraktiken. → Buddhismus.

Lit.: J. H. Schultz: Übungsheft für das autogene Training. Stuttgart 1952.

Automatismen In → Spiritismus und → Parapsychologie Bezeichnung für gewisse Formen der medialen Kommunikation (→ Medium). Man unterscheidet automatisches Schreiben, Malen, Sprechen. Das → Medium ist dabei in → Trance und hat keine willentliche Kontrolle über seine Äußerungen. Handschrift, Zeichen- und Malstil oder Stimme können sich dabei radikal verändern. → Mediale Kunst, → Channeling.

Avatar Im Hinduismus eine → Inkarnation Vishnus. Heute meint man mit A. allgemein einen zum Menschen gewordenen Gott. Die Anhänger verschiedener → Gurus betrachten ihren jeweiligen Meister als A.

B

Bach-Blüten Vom englischen Arzt Dr. Edward Bach (1886–1936) entwickelte Essenzen, die das energetische Muster bestimmter Wildblüten gespeichert haben (→ Energie). Durch richtigen Einsatz können B. B. psychische Unausgeglichenheiten beheben, die nach Bach am Anfang jeder Krankheit stehen. Das Wirkprinzip der B. B. hat große Ähnlichkeit mit dem der → Homöopathie.

Lit.: Mechthild Scheffer: Bach Blütentherapie. München 1981.

Bailey Alice Englische Autorin (1880–1949), die nach eigenen Angaben von → aufgestiegenen Meistern etliche umfangreiche Bücher diktiert bekam. Eine der bekanntesten Verfasserinnen „gechannelter" Literatur (→ Channeling). Die von ihr gegründete „Arkanschule" ist immer noch tätig.

Inhaltlich zeigen die Bücher A. B. s große Übereinstimmungen mit der Lehre der → Theosophen, bei denen A. B. auch einige Zeit Mitglied war.

Lit.: Alice Bailey: Initiation, Genf 1970, u. v. a.

Bender Hans Pionier der → Parapsychologie in Deutschland. 1907 in Freiburg geboren, studierte B. Psychologie und Medizin und gründete 1950 das Freiburger „Institut für Grenzgebiete der Psychologie und Psychohygiene", das er bis zu seinem Tode 1991 leitete. 1954 übertrug ihm die Universität Freiburg eine außerordentliche Professur für „Grenzgebiete der Psychologie", die 1967 in ein Ordinariat umgewandelt wurde. Zugleich wurde dem Psychologischen Institut eine „Abteilung für Grenzgebiete der Psychologie" angegliedert, die B. bis zu seiner Emeritierung 1975 leitete. Bekannt geworden sind B. s Forschungen zur → außersinnlichen Wahrnehmung und seine Dokumentation von → Spukphänomenen. Wie viele andere Parapsychologen versuchte auch B., weitgehend auf „okkultes" Vokabular zu verzichten und die von ihm beobachteten Phänomene möglichst psychologisch zu erklären, wobei er sich besonders an C. G. → Jung orientierte.

Lit.: Hans Bender: Unser sechster Sinn. Stuttgart 1971.
Ders.: Verborgene Wirklichkeit. Freiburg 1975.

Bermuda-Dreieck Ein Gebiet im Atlantik zwischen den Bermudas, Florida und Puerto Rico, in dem zahlreiche Schiffe und Flugzeuge spurlos verschwunden sind. Ufologen (→ Ufos) führen das gerne auf die Einwirkung von → Außerirdischen zurück. Daß das Rätsel des B.-D. s nicht immer → paranormaler Erklärungsversuche bedarf, läßt eine Entdeckung vermuten, die ein amerikanisches Bergungsschiff im Mai 1991 vor der Küste Floridas machte: Auf dem Meeresgrund stieß es auf die Wracks von fünf Marineflugzeugen, die vor 45 Jahren im B.-D. spurlos verschwunden waren und seitdem als *Lost Squadron*, die verlorene Staffel, durch die B.-D.-Literatur gegeistert waren. Es bleiben freilich noch genügend Merkwürdigkeiten übrig.
Lit.: Charles Berlitz: Spurlos. München 1980.

Besessenheit Die Kontrolle des menschlichen Bewußtseins durch eine fremde Seele oder Wesenheit. Ein Besessener hat das Gefühl, nicht mehr Herr seiner eigenen Entscheidungen zu sein, sondern von einem äußeren Einfluß gesteuert zu werden. Oft verhält er sich wie unter Zwang in einer Weise, die nicht zu seiner gewohnten Persönlichkeit paßt. B. kann verschieden stark ausgeprägt sein, im extremsten Fall fehlt dem Betroffenen hinterher jede Erinnerung an seine Handlungen.

B. wurde früher und wird heute noch in vielen Kulturen als reales Problem betrachtet; bei uns gilt der „Glaube an Geister" selbst schon als möglicherweise erstes Symptom einer psychischen Störung.

Die moderne Psychotherapie behandelt B. entweder medikamentös, oder sie versucht zu erreichen, daß der Patient die vermeintlich fremden Kräfte als abgespaltene Teile seiner eigenen Psyche betrachtet und „integriert". Traditionelle Methoden haben immer die Beschreibungen, die der Besessene selbst von seinem Zustand gibt, als korrekt akzeptiert und dann versucht, die Verbindung zwischen ihm und dem äußeren Einfluß zu unterbrechen. Diesem Zweck dienen etwa viele → schamanische Praktiken.

Der → Spiritismus führt B. besonders auf die Intervention von → erdgebundenen Seelen zurück, die sich nicht damit abfinden können, keinen eigenen Körper mehr zu haben und die deshalb den des Patienten benutzen wollen. Deswegen halten Spiritisten es für notwendig, die verwirrte Seele, die die B. verursacht, ebenso zu behandeln wie ihr Opfer. Solche Therapien bestehen oft in langen „Dialogen" mit Verstorbenen, bei denen diese dazu gebracht werden sollen, sich nicht mehr in das Leben eines Inkarnierten einzumischen. Allerdings wird eingeräumt, daß etwas im Patienten den Einfluß der fremden Seele ermöglichen muß. → Exorzismus, → Clearing.

In esoterischen Kreisen wird B. immer mehr als mögliche Ursache für psychische Probleme betrachtet. Dazu hat sicher beigetragen, daß man sich Symptome der B. auch durch dilettantischen Umgang mit spirituellen Praktiken zuziehen kann. Als besonders gefährlich gelten dabei → Jenseitskontakte, z. B. mit dem → Ouija-Board, durch → Gläserrücken oder → automatisches Schreiben. → Jugendliche und Okkultismus.

Lit.:   *Hans Naegeli-Osjord: Besessenheit und Exorzismus. Remagen 1983.*
Carl Wickland: 30 Jahre unter den Toten. Freiburg 1957.
Rhea Powers: Heimkehren ins Licht. Planegg 1987.

Bhagwan Indisch für „Erleuchteter". Wenn man im deutschen Sprachraum von B. spricht, meint man meist „Bhagwan Shree Rajneesh", bürgerlich Rajneesh (sprich: Raschniisch) Chandra Mohan (1931–1990). Zunächst Philosophieprofessor, versammelte B. Ende der 60er Jahre seine ersten Jünger oder → Sannyasin in der Stadt Poona um sich und gewann im folgenden eine große Anhängerschaft vor allem in den westlichen Industrienationen. (Auf dem Höhepunkt seines Einflusses soll er weltweit rund 400000 Anhänger besessen haben.) 1980 verlegte er seinen Hauptsitz nach Oregon in den USA, den er aber 1985 unter öffentlichem Druck wieder verlassen mußte. Zuletzt lebte und lehrte B. wieder in Poona und nannte sich „Osho".

Sowohl B.s Lehre als auch seine Praxis kamen den Bedürfnissen moderner Sucher aus dem Westen besonders entgegen: Er kombinierte vielfältige esoterische Lehren mit Methoden der Humanistischen Psychologie (→ Human Potential Movement), empfahl das ungehemmte Ausleben von Gefühlen und Wünschen, gewährte jedem eine Initiation, der sie wollte; und er verlangte keinerlei besondere Disziplin oder Anstrengung. Die Bewegung hat sicher einen erheblichen Beitrag zum wachsenden Interesse an Spiritualität geleistet, auch wenn sie für viele nur „Durchgangsstation" oder Denkanstoß war. B. hinterläßt zahlreiche Bücher, die als Niederschrift von Vorträgen entstanden sind, und einige neuentwickelte Meditationsformen. → Guru, → Meditation.

Lit.: *Jörg Andrees Elten: Ganz entspannt im Hier und Jetzt. Reinbek 1979.*

Bilokation Die wundersame Fähigkeit, an zwei Orten gleichzeitig zu sein. Wird seit jeher Heiligen und mächtigen Zauberern nachgesagt.

Biofeedback Die technische Anzeige von physiologischen Werten, die einem für gewöhnlich nicht bewußt sind, wie z. B. Blutdruck, elektrischer Hautwiderstand, Herzschlag u. ä. Mit B. ist es nachweislich möglich, bisher als unwillkürlich betrachtete Funktionen bis zu einem gewissen Grad willentlich zu beeinflussen. Ähnliche Leistungen sind immer schon von → Yogis und → Fakiren berichtet worden; Hoffnungen, es werde nun möglich sein, in kurzer Zeit das zu erreichen, was Yogis nur nach langer Übung bewerkstelligen, haben sich allerdings als überzogen erwiesen.

Trotzdem werden B.-Geräte mit Erfolg für Entspannungstraining, in der Therapie von Funktionsstörungen und als Hilfe zur → Meditation eingesetzt.

Lit.: Marvin Karlins & Lewis Andrews: Biofeedback. Stuttgart 1973.
Alice & Elmer Green: Biofeedback. Freiburg 1978.

Blavatsky Helena Petrowna, oft auch „Madame B." genannt. Russische Okkultistin, die als Begründerin der → Theosophie in die Geschichte eingegangen ist. 1831 in Rußland geboren, unternahm sie in jungen Jahren ausgedehnte, abenteuerliche Reisen durch weite Teile Europas, Amerikas und Asiens. Unter dem Eindruck eines Indienbesuchs wandte sie sich dem → Spiritismus zu und gründete 1875 in den USA zusammen mit Henry Olcott die „Theosophische Gesellschaft", die später ihren Sitz nach Indien verlegte und deren Leiterin B. bis zu ihrem Tod im Jahre 1891 blieb. B. verfügte über me-

diale Fähigkeiten und war schriftstellerisch ungeheuer produktiv. In mehreren umfangreichen Werken verband sie westlichen Okkultismus und östliche Lehren zu einem komplizierten Gedankengebäude, das großen Einfluß auf spätere esoterische Systeme ausgeübt hat.
Lit.: Colin Wilson: Das Okkulte. Berlin 1982.

Bodhisattva Ein künftiger Buddha, der noch einmal die Last einer → Inkarnation auf sich nimmt, um der Menschheit als Lehrer und leuchtendes Vorbild zu dienen. Man nimmt allgemein an, daß B.s besonders dann in Erscheinung treten, wenn entscheidende globale Bewußtseinsveränderungen bevorstehen. Naturgemäß neigen die Anhänger der verschiedensten → Gurus dazu, gerade ihren Meister als ein derart auserwähltes Individuum zu betrachten.

Buddhismus Die Lehre des Siddharta Gautama, genannt „Buddha", der ca. 560–480 v. Chr. gelebt hat, übt auf viele westliche Esoteriker eine eher gefühlsmäßige Faszination aus; dabei ist nur eine Minderheit von ihnen wirklich mit ihr vertraut.
„Der ursprüngliche B. kennt keine Kosmologie und Engelslehre, keine Götter, sondern ist nur eine psychologische Philosophie" (Bruno Martin). Westliche Esoteriker interessiert daran weniger die Formen, die der B. später als organisierte Religion entwickelt hat, sondern die von Buddha entwickelte Lehre der Befreiung vom Verhaftetsein an das → Ego und die materielle Welt. „Alles menschliche Leid kommt vom Festhalten" (Sogyal Rimpoche) – diese buddhistische Aussage findet sich in unzähligen Variationen in modernen esoterischen Texten.

Am weitesten ist im Westen die japanische Variante des → Zen-B. verbreitet. Aber auch der tibetische B. hat viele Anhänger.

Lit.: Walt Anderson: Der tibetische Buddhismus als Religion und Psychologie.München 1983.
Lama Anagarika Govinda: Der Weg der weißen Wolke. München 1984.

C

Capuera Eine von entlaufenen schwarzen Sklaven in Brasilien entwickelte Form des unbewaffneten Kampfes, die seit einiger Zeit auch in Deutschland unterrichtet wird. Ähnlich wie ostasiatische → Kampfkünste, z.B. → Aikido, legt auch C. großen Wert auf die Schulung des Geistes. Eine Besonderheit ist, daß das Training zu rhythmischer Musik erfolgt.

Castaneda Carlos. Peruanischer Anthropologe und Autor, der großen Erfolg mit Büchern hatte, in denen er seine angebliche Lehrzeit bei einem „Zauberer" vom Stamme der Yaqui in Mittelamerika beschrieb (→ Don Juan). C.s Werke wurden zunächst als Tatsachenbericht akzeptiert; für eines bekam er sogar einen Doktortitel. Durch Recherchen von anderen Autoren (z.B. Richard De Mille) ist ihre Glaubwürdigkeit aber schwer erschüttert worden. Unabhängig davon fiel Kritikern immer schon auf, daß C.s Lehrmeister zwar alle möglichen → schamanischen Techniken verwendet, aber überhaupt keine Funktionen in einer Gemeinschaft ausübt, wie das für Schamanen üblich ist.

Allerdings besteht die Möglichkeit, daß C. eine echte okkulte Ausbildung beschreibt, die er nur in „anthropologische Fabeln" kleidet. Seine Gestalten und ihre magische Sicht der Welt haben jedenfalls zahlreiche Leser fasziniert.

Lit.: *Carlos Castaneda: Die Lehren des Don Juan. Frankfurt 1971.*
Ders.: Eine andere Wirklichkeit. Frankfurt 1982.
Ders.: Die Reise nach Ixtlan. Frankfurt 1982.
Ders.: Die Kunst des Pirschens. Frankfurt 1983.
Ders.: Der zweite Ring der Kraft. Frankfurt 1981.
Richard De Mille: Die Reisen des Carlos Castaneda. Bern 1980.

Cayce sprich „Keißie", Edgar. Berühmtes amerikanisches → Medium (1877–1945), dessen Arbeit außergewöhnlich gut dokumentiert ist. Anläßlich einer hypnotischen Behandlung stellte C. fest, daß er sich selbst in hypnotische Trance versetzen konnte. In diesem Zustand war er fähig, komplizierte medizinische Diagnosen für ihm unbekannte Menschen zu erstellen und wirksame Therapievorschläge zu machen. Später äußerte sich C. ausführlich zu allgemeinen esoterischen Themen wie z. B. → Reinkarnation oder die Geschichte und Zukunft der Menschheit (→ Atlantis). Die umfangreichen Protokolle dieser Sitzungen lagern heute in den Archiven des von C. gegründeten Instituts in Florida und sind noch lange nicht vollständig ausgewertet und veröffentlicht.

Lit.: *Harold Reilly & Ruth Brod: Das große Edgar-Cayce-Gesundheitsbuch. Freiburg 1989.*
Jess Stearn: Der schlafende Prophet. München 1985.

Chakra Sprich „Tschakra", *Sanskrit;* Rad. Energiezentrum im Körper, an dem → feinstoffliche Energien in physische umgewandelt werden. Verbreitet ist die Annahme von sieben Hauptchakren entlang der Wirbelsäule. Sie bilden eine aufsteigende Reihe auch im übertragenen Sinn, da jedem C. eine spezifische Energie zugeschrieben wird, die mit einem bestimmten Lebensthema in Zusammenhang steht. Von unten nach oben: Überleben, Sex, Macht, Liebe, Kommunikation, Intuition, kosmisches Bewußtsein. Oft werden diesen Chakren auch die Farben des (umgekehrten) Regenbogens zugeordnet, also mit Rot beim ersten C. beginnend.

Tatsächlich nehmen die indischen Lehren, aus denen das Konzept des C. stammt, sehr viel kompliziertere Verhältnisse an; auch fallen etliche Abweichungen zwischen verschiedenen Systemen auf. → Sensitive können die Chakren manchmal optisch als Energiewirbel wahrnehmen, ihre Beschreibungen stimmen aber nicht völlig überein.

Für sehr wichtig halten Esoteriker, daß die Energie ungehindert durch die Chakren fließen kann. Es gibt zahlreiche Übungen zum Zweck, sie zu öffnen und zu harmonisieren (→ Energie).

(Den Freunden des esoterischen Humors sei dieser Witz nicht vorenthalten: „Wie flucht der bayerische Yogi? Herrgott Chakra no amal!")

Lit.: Harish Johari: Das große Chakra-Buch. Freiburg 1987.

Channeling *engl.: channel;* Kanal. Moderne Form des Mediumismus (→ Medium) mit stark veränderten Vorzeichen. Während es dem klassischen Spiritismus hauptsächlich um die Kommunikation mit den Seelen

Verstorbener ging, wird beim C. häufig eine Verbindung zu höheren Intelligenzen gesucht, von denen man sich Beratung und Belehrung verspricht. Das Medium ist dabei in leichter bis tiefer Trance und hat das deutliche Gefühl, Inhalte „durchzugeben", die nicht von ihm selbst stammen. Es dient also als Übermittler oder „Kanal" für eine Wesenheit.

Die Rolle des „Channels" haben schon die verschiedensten Menschen übernommen, nicht nur solche, die bereits vorher durch Medialität aufgefallen waren. Auch sonst scheint es keinerlei persönliche Merkmale zu geben, die einen besonders für diese Funktion disponieren. Oft werden Medien von ihren Fähigkeiten völlig überrascht oder überwältigt.

Die Inhalte der Botschaften übersteigen die alltäglichen Möglichkeiten des Übermittlers manchmal bei weitem. Es kommt vor, daß Menschen mit mäßiger Schulbildung und Ausdrucksfähigkeit stundenlang druckreife, hochkomplizierte Ausführungen von sich geben.

Auf dem Wege des C. ist eine eigene esoterische Literaturgattung entstanden, die „gechannelten" Bücher. Schreibschwierigkeiten scheinen den Meistern fremd zu sein, ihre Belehrungen sind oft äußerst umfangreich, und es wäre ein Lebenswerk, alles zu lesen, was auf diesem Gebiet bisher erschienen ist. Manche „Autorenteams" von „jenseitiger" Wesenheit und diesseitigem Übermittler sind durch den Erfolg ihrer Bücher regelrecht prominent geworden (z. B. → Seth/Jane Roberts, Ramtha/J. Z. Knight, Lazaris/Jach Pursel).

Die Aufmerksamkeit, die das Thema seit den sechziger Jahren erfahren hat, zog allerdings auch Menschen an, die gerne im Mittelpunkt derselben stehen. Diese

Medien suchen (und finden) das Publikum, sie können sich sehr gut auf einer Bühne bewegen, sie channeln prinzipiell nur hochberühmte Meister, verlangen oft hohe Eintrittspreise – und geben dann Dinge von sich, die manch esoterisch belesener Zeitgenosse aus dem Stand reproduzieren könnte. Diese Art von C. hat sehr stark zur verbreiteten Meinung beigetragen, beim C. handle es sich überhaupt nur um Wichtigtuerei.

In den USA haben sich um einzelne Medien sektenartige Gruppen gebildet, die sich ebenso um den nicht inkarnierten Meister (→ Inkarnation) scharen wie andere um einen → Guru. Als Hauptstadt dieser Erscheinung darf Sedona, Arizona, gelten.

In der sonst so toleranten spirituellen Gemeinde ist C. sehr umstritten. Manche sind begeistert darüber, daß nun endlich die Höheren Ebenen direkt zu uns sprechen. Sie versprechen sich von dieser Intervention eine Anhebung des globalen Bewußtseinsniveaus und können von den Botschaften nicht genug kriegen. Die Ablehnungsfront kritisiert, man mache sich hier zum passiven Konsumenten einer zweifelhaften Weisheit, deren Absender im Dunkeln bleiben. Auch wird vermutet, die Medien hätten es nur mit → erdgebundenen Seelen zu tun, die sich als höhere Wesenheiten ausgeben, um inkarnierte Zuhörer zu finden.

Fast jedes Argument in der Debatte läßt sich überzeugend belegen, was nahelegt, daß es wenig sinnvoll ist, hier pauschal dafür oder dagegen zu sein. Ein recht einfacher Ausweg aus dem unfruchtbaren Disput besteht darin, sich mit dem übermittelten Material selbst auseinanderzusetzen, das zum Teil ein sehr hohes Niveau erreicht. Auch gilt es zu bedenken, daß alle Weisheitslehrer der Geschichte ihre Quellen der → Inspiration hatten (→ Offenbarung), so daß der Vorgang des C. vielleicht doch nicht so neumodisch ist, wie oft behauptet wird.

Die grundsätzliche Frage des → Skeptikers lautet, ob beim C. überhaupt irgend etwas im Spiel ist, was nicht dem Bewußtsein des Mediums selbst entstammt. Hier gelten die gleichen Überlegungen wie bei allen → Geistwesen.

Lit.: Jon Klimo: Channeling. Freiburg 1988.
Mit „gechannelten" Büchern kann man leicht einen Spezialkatalog füllen. Hochtheoretisch z. B. alle Werke von → Seth/Jane Roberts, praktisch und lebensnah z. B. Safi Nidiaye: Liebe ist mehr als ein Gefühl. Genf 1990.

Chant *engl.;* Singsang. Ein monotones, zeremonielles Lied, wie es etwa die Indianer zur Anrufung ihrer Geister singen. Chants werden im allgemeinen oft wiederholt und über lange Zeit gesungen. „Chanten" ist die eingedeutschte Verbform.

Chi Chinesische Bezeichnung für jene universelle Lebensenergie, die früher von jeder Kultur angenommen wurde. Die chinesische Medizin hat sehr genaue und differenzierte Vorstellungen über den Fluß dieser Energie im Körper entwickelt. Sie sind die Basis für → Akupunktur, → Tai Chi und → Qi Gong. → Energie.

Chiromantie Die Kunst des Handlesens. Wird nur der Charakter einer Person aus den Handlinien erschlossen und nicht sein künftiges Schicksal, sollte man genaugenommen von **Chirologie** sprechen.

Lit.: Rita Issberner-Haldane: Atlas der Chirologie. Freiburg 1984.

Clearing *engl.;* freimachen. Einen Menschen von den Seelen Verstorbener befreien, die sich in seiner → Aura gefangen haben und so eine problemerzeugende Symbiose mit ihm eingegangen sind (→ Besessenheit). Bedeutet im Grunde das gleiche wie → Exorzismus, wird aber für mildere Formen dieser Prozedur verwendet. Nicht zu verwechseln mit dem Begriff „Clear" aus der → Scientology. → Spiritismus.

Lit.: Rhea Powers: Heimkehren ins Licht. Planegg 1987.

Crowley Aleister (eigentlich Edward Alexander). Das *enfant terrible* der modernen westlichen → Magie. 1875 in Plymouth geboren, studierte er zunächst in Cambridge, verließ die ihm vorgezeichnete Laufbahn dann aber zugunsten des Okkultismus. Er wurde zunächst in den Order of the → Golden Dawn aufgenommen, schied dort aber nach Auseinandersetzungen mit der Führung aus, um fortan seine eigene Art von Magie zu betreiben.

Diese hat ihm den Ruf eines → Satanisten eingebracht; ob das stimmt, ist hauptsächlich eine Frage der Terminologie. Empfindsamen Gemütern kann C.s Lehre und Lebensführung in der Tat „teuflisch" vorkommen. Er predigte und praktizierte ungehemmtes Ausleben aller Wünsche und rücksichtslose Härte gegenüber den Schwachen, ließ sich selbst als *To Mega Therion* (*griech.;* das große Tier) anreden und hielt sich für den Herren des Neuen Zeitalters. Lange Zeit fand C. damit Anhänger und Förderer, am Ende seines Lebens war er allerdings weitgehend isoliert. Er starb verarmt und drogenabhängig 1947.

C. fasziniert vor allem solche Menschen, deren Thema – oder Problem – die Macht ist. Wie gefährlich sein System werden kann, hängt von den Kräften desjenigen ab, der sich seiner bedient. Glücklicherweise beschränkt sich die Mehrzahl der C.-Anhänger darauf, sich an seinem verbalen Radikalismus zu berauschen.

Lit.: *Colin Wilson: Das Okkulte. Berlin 1982.*
Aleister Crowley: Magick. Bergen 1988.
Ders.: Das Buch des Gesetzes. Basel 1987.

Curandero *span.;* Heiler. Südamerikanische Bezeichnung für einen volkstümlichen Heiler. C. s kombinieren auf eine meist sehr individuelle Weise Pflanzenheilkunde, magische Methoden aus der Zeit vor der Kolonialisierung und neuere christliche Elemente. Sie können im weitesten Sinne als die modernen Nachfahren der → Schamanen gelten. Im Gesundheitswesen Südamerikas spielen C. s eine zwar nicht offizielle, aber doch wichtige Rolle, und dies durchaus auch in industrialisierten Großstädten.

Lit.: *Douglas Sharon: Magier der vier Winde. Freiburg 1987.*

D

Darshan Der Anblick eines Heiligen oder → Guru, oder das wortlose Zusammensein mit ihm. Wird in östlichen Traditionen für ebenso wichtig gehalten wie die direkte Unterweisung.

Delphine D. und auch Wale finden in der modernen Esoterik so großes Interesse, daß man sie beinahe schon zu Wappentieren der Bewegung erklären könnte. Die Gründe dafür sind rational nur schwer einzukreisen. Von alters her scheint beim Menschen ein seltsames Gefühl der Verbundenheit mit D.n zu bestehen. D. tauchen in vielen Mythen und Kulten auf, z.B. bei den Sumerern, in Kreta und in (!) Delphi. Auch wird seit der Antike bis heute immer wieder davon berichtet, daß D. Ertrinkende gerettet haben.

Moderne D.-Forscher weisen auf das außerordentlich hoch entwickelte Gehirn der D. hin und sehen darin ein mögliches Indiz für einen hohen Bewußtseinsstand. Zur Verbreitung dieser Gedanken hat besonders der Amerikaner John Lilly beigetragen. Er versuchte auch, eine *interspecies communication* zwischen Mensch und D.n zustandezubringen, mit nicht gerade eindrucksvollen Ergebnissen. (Vielleicht waren seine Versuche aber auch zu langweilig für diese intelligenten Tiere.) Jedenfalls werden Aufnahmen mit den „Gesängen" von Walen und D.n in spirituellen Kreisen sehr gerne gehört.

Derwisch Meister der → Sufis. Besonders bekannt ist der Orden der „tanzenden Derwische", gegründet von dem berühmten Sufi Dschalaluddin Rumi. „Derwischtanz" wird inzwischen sogar in Volkshochschulen angeboten, auch das „Whirling" beruft sich auf diese Tradition. Dabei dreht sich der Übende lange Zeit zu Musik im Kreise, was zu einem mehr oder weniger ekstatischen Bewußtseinszustand führt.
Lit.: Pir Vilayat Khan: Der Ruf des Derwisch. Essen 1982.

Deva *Sanskrit;* himmlisches Wesen. In der → Theosophie bilden D.s eine Hierarchie von Geistwesen, die helfen, das Universum aufrechtzuerhalten, auch „die Erbauer der Formen" genannt. Bekannt geworden ist dieser Begriff besonders in Verbindung mit der Geschichte von → Findhorn. Die spirituelle Gemeinschaft von Findhorn stand, nach eigenen Angaben, in regelmäßiger Verbindung mit den D.s der Pflanzen; ihre erstaunlichen Erfolge im Gartenbau führte sie auf diese Tatsache zurück.

Lit.: Dorothy McLean: Du kannst mit Engeln sprechen. Forstinning 1984.

Dianetik Die spezielle Form der „Psychotherapie" in der → Scientology.

Dimension Ein Lieblingswort des → esoterischen Jargons. „Aus einer anderen D." oder „aus anderen D. en des Seins" stammt alles, was die „dreidimensionale Realität" übersteigt. Genau deshalb verliert das Wort D. dann aber auch die übliche Bedeutung, ohne eine neue hinzuzugewinnen.

Don Juan Jede Ähnlichkeit mit der gleichnamigen literarischen Figur ist rein zufällig. Wenn in esoterischen Kreisen von D. J. die Rede ist, so meint man den angeblichen Lehrer von Carlos → Castaneda. Juan Matus soll Medizinmann vom Stamme der Yaquis in Zentralamerika gewesen sein. „Don" ist einfach die respektvolle spanische Anredeform.

Drittes Auge Das sechste → Chakra im System der sieben Hauptchakras. Es befindet sich hinter der Stirn zwischen den Augenbrauen und wird mit Intuition und spiritueller Einsicht in Verbindung gebracht. Insofern gilt es als Wahrnehmungsorgan für das → Übersinnliche; daher der Name.

Lit.: Lobsang Rampa: Das Dritte Auge. München 1989.

Drogen Heutige Esoteriker hören es nicht mehr gerne, aber die erste Drogenwelle der Hippie-Ära hat sicher einiges dazu beigetragen, das Interesse an veränderten Bewußtseinszuständen und an Spiritualität in Gang zu setzen. Inzwischen herrscht weitgehend Einigkeit darüber, daß man bei seiner Entwicklung auf die Hilfe von D. verzichten sollte; das Ideal ist das *natural high*, die auf natürlichem Wege, z. B. durch → Meditation oder Atemübungen erreichte → Ekstase.

→ Schamanen, Naturreligionen und → Mysterienkulte waren freilich nie so abstinent. Ritueller Gebrauch von D. wird aus praktisch allen Kulturen berichtet. Tabak, Peyotl, der San-Pedro-Kaktus, verschiedene Pilze (in Europa und Asien der Fliegenpilz), Stechapfel, Ayahuasca und viele andere Gewächse galten als „heilige Pflanzen", die einen in direkten Kontakt mit den Göttern brachten. Der Umgang mit ihnen war allerdings genauestens geregelt und auf Zeremonien beschränkt.

Wo diese Traditionen nicht mehr lebendig sind, wird der rituelle Einsatz von D. zu einer höchst riskanten Angelegenheit. Versuche, die künstliche Droge → LSD zu therapeutischen Zwecken einzusetzen, haben Erfahrungen provoziert, die denen aus D.-Ritualen in Grundzügen ähneln.

Lit.: Terence McKenna: Wahre Halluzinationen. Basel 1989.

Druiden Priester, Wahrsager, Heiler und Dichter der Kelten, die aber auch Recht sprachen und erheblichen politischen Einfluß ausübten. Auf der Suche nach einer „europäischen Spiritualität" sind die D. für viele zur Identifikationsfigur geworden (zumal um die Germanen aus historischen Gründen immer noch ein Bogen gemacht wird). An ihre Tradition anzuknüpfen, ist allerdings äußerst schwierig: die D. unterrichteten nur mündlich, schriftliche Zeugnisse über sie stammen nie von Eingeweihten; sie praktizierten in heiligen Hainen und an Quellen und errichteten keine Sakralbauten. Die Monumente der → Megalithkultur wurden von ihnen zwar in Rituale einbezogen, sie sind aber wesentlich älter als die keltische Kultur. Diese unsichere Quellenlage hält jedoch verschiedene esoterische Gruppen nicht davon ab, sich als authentische Nachfolger der D. zu bezeichnen.

Lit.:   Jean Markale: Die Druiden. München 1990.

E

Ebene Die Vorstellung von „verschiedenen E. n der Realität" fehlt in keinem esoterischen Weltbild. Dahinter steht die Annahme, daß es noch andere als materielle Seinszustände gibt, die zwar für den Menschen weniger faßbar, aber dennoch relevant sind. Diese Zustände stellt man sich hierarchisch gegliedert vor, was fast zwangsläufig zu einer räumlichen Metapher führt: verschiedene E. n liegen übereinander. Die „niedrigste" E. ist dann die materielle, „darüber" liegt die → astrale E.; bezüglich Anzahl und Bezeichnungen weiterer E. n stimmen verschiedene Systeme nicht mehr überein. Beim Reden über E. n kommen immer wieder Formulierungen zustande, die so klingen, als handle es sich dabei um Orte, etwa wenn empfohlen wird, „durch die astrale E. zur Mental-E. vorzustoßen". Es erfordert einige gedankliche Disziplin, sich immer wieder klarzumachen, daß hier verschiedene Zustände oder Aspekte der Realität gemeint sind, die alle gleichzeitig „da" sind.

Eckankar Eine 1964 von dem Amerikaner Paul Twitchell (1908–1971) gegründete spirituelle Gruppierung. E. sieht sich als moderne Fortsetzung einer „kosmischen Strömung", die durch eine ununterbrochene Kette von Weisheitslehrern („ECK-Meistern") aufrechterhalten wird. Nach eigenem Urteil war Twitchell selbst einer von diesen, und zwar der 971. Zu seinen Vorgängern zählen u. a. Jesus und der Apostel Paulus. Die Mitglieder von E. üben sich besonders in der Kunst der → Astralprojektion.

Edelstein Als → Amulett, → Talisman und bei der Heilung finden E. e immer schon Verwendung. Jedem E. wird dabei ein bestimmter Charakter und eine bestimmte Wirkung nachgesagt, oder moderner ausgedrückt eine spezifische → Energie. Die Kunst desjenigen, der mit E. en umgeht, besteht darin, diese Energien zu kennen und den richtigen Stein zur richtigen Zeit am richtigen Ort zu plazieren.

Oft werden E. e bestimmten → Planeten und → Tierkreiszeichen zugeordnet, wobei allerdings nicht immer Übereinstimmung zwischen verschiedenen Quellen herrscht. Eine gewisse Sonderstellung nimmt der Quarzkristall ein, der als vorzüglicher Energie-Überträger gilt und auch mit bestimmten energetischen Botschaften „programmiert" werden kann.

Auf dem esoterischen Markt ist das Thema E. e ein Dauerbrenner. Viele esoterisch Interessierte haben zu Hause eine kleine E.-Sammlung, und Veranstaltungen zum Thema „Heilen mit E. en" sind meist gut besucht.

Lit.: Harish Johari: Die sanfte Kraft der edlen Steine. Durach 1988.

Ego Das Wort spielt im spirituellen Sprachgebrauch eine etwas andere Rolle als im psychologischen. Das E. gilt hier als das beschränkte Ich des Menschen, das die Illusion der persönlichen Abgeschlossenheit aufrechterhält, sich an kleinliche egoistische Ziele klammert und der Weiterentwicklung der Seele im Wege steht. Deswegen wird man oft dringend aufgefordert, sein E. aufzugeben. Manch einer mag dadurch Platz für sein → Höheres Selbst schaffen – ein anderer für einen → Guru.

Einweihung Die Aufnahme in eine esoterische Gemeinschaft und die Übermittlung von geheimem Wissen. E. en werden für gewöhnlich mit bestimmten → Ritualen verbunden, wozu die Verleihung eines neuen Namens gehören kann; oft muß der Eingeweihte auch den Eid ablegen, gewisse Dinge nicht an Außenstehende weiterzugeben. Viele Gruppen sehen mehrere Stufen oder „Grade" der E. vor.

Ursprünglich war die E. eine Schwelle, die verhindern sollte, daß esoterisches Wissen jenen zugänglich wurde, die dafür nicht bereit waren. Der Kandidat mußte also die inneren Voraussetzungen mitbringen. Sein fester Wille, eingeweiht zu werden, genügte nicht; weder Geduld, Geld noch Macht konnten die E. erzwingen. Dieser Gedanke ist im Laufe der Zeit stark verwässert worden. Moderne Gruppierungen sind oft an einer großen Mitgliederzahl interessiert; außerdem gilt es als undemokratisch, jemandem etwas zu verweigern, was anderen zugestanden wird. Heutige E. en sind meist Belohnungen für Loyalität zu einer bestimmten Gemeinschaft und ihrem Oberhaupt. Die entsprechenden Zeremonien stellen dann kaum mehr dar als eine Feier anläßlich des Beitritts zu einer Organisation.

Ekstase Zustand der Verzückung, in dem sich der Mensch dem Göttlichen näher fühlt als im normalen Bewußtseinszustand. Kann sich spontan einstellen, wurde aber immer auch gezielt durch Übungen und Einnahme von → Drogen angestrebt, zum Beispiel im → Schamanismus und in den antiken → Mysterienkulten. Moderne, „erlebnisorientierte" Formen der Psychotherapie fördern ähnliche Erfahrungen. Das griechische Wort *ekstasis* heißt wörtlich „außer sich sein", was in Verbindung mit → außerkörperlichen Erfahrungen interessant ist.

Element Anders als in der modernen Physik sind die E. e der alten → Kosmologien Urprinzipien oder -zustände, deren Zusammenwirken die sichtbare Materie entstehen läßt. Die westliche Tradition nimmt derer vier an: Feuer, Wasser, Erde und Luft. In östlichen Lehren kommt daneben noch der Äther oder Raum als fünftes E. hinzu. Die späteren → Alchemisten gehen von den drei E. en Schwefel, Quecksilber und Salz aus. Die „klassischen" vier E. e sind in westlichen Symbolsystemen wichtige Einteilungsprinzipien. In der → Magie werden sie mit einer anderen Vierheit assoziiert, den

Himmelsrichtungen. Ebenso bestehen die „Kleinen Arkana" des → Tarot aus vier den E.en zugeordneten Sätzen. Und auch die → Tierkreiszeichen der → Astrologie haben ihr jeweiliges E., das den Charakter dieses Zeichens bestimmt. (Deswegen sind z. B. Widder so hitzig und Stiere so erdgebunden.) → Hermetik

Energie Daß E. sozusagen den Baustoff des Universums darstellt, ist eine uralte Vorstellung, die von der modernen Wissenschaft wieder aufgegriffen wird (→ Esoterik und Wissenschaft). Die Szene macht von diesem Konzept allerdings einen sehr großzügigen Gebrauch; wann immer eine Ursache gesucht wird, kommt die E. gerade recht. „Jeder Gedanke ist eine E." erklärt, warum Gedanken materielle Auswirkungen haben; das „Einströmen von E. aus dem → Kosmos" beschreibt erschöpfend, was bei einer → Geistheilung geschieht; jemand hat „eine gute E.", wenn man ihn leiden kann; und die E.n der → Pyramiden bewirken ohnehin die verschiedensten Dinge.

Es ist freilich nicht nur seine begriffliche Dehnbarkeit, die das Wort am Leben hält. Das Fließen von E. kann tatsächlich gespürt werden, z. B. beim → Tai Chi, → Aikido, in der → Meditation und bei vielen Formen der Heilung. → Sensitive nehmen E.felder oft optisch wahr. Im Bereich der Lebensvorgänge gibt es auch die meisten Indizien, daß das E.-Konzept mehr ist als nur eine bequeme Metapher. So hat sich die ausgesprochen präzise Vorstellung vom Fluß der E. in der → Akupunktur praktisch bewährt. Mit Hilfe der modernen Meßtechnik ist es auch möglich, subtile energetische Begleiterscheinungen von biologischen Prozessen zu erfassen, die bisher nur der subjektiven Wahrnehmung zugänglich waren. Diese Forschungen sind noch im Gange, sie lassen aber vermuten, daß die Annahme einer allgemeinen „Lebens-E." nicht so spekulativ ist, wie man lange dachte. → Aura, → Kirlianphotographie.

Lit.: *Stephan Sabetti: Lebensenergie. München 1985.*

Engel *griech.: angelos;* Bote. Anders als in einem Cartoon, in welchem der verunglückte Autofahrer sofort Flügel bekommt und zu Petrus fliegt, sind im esoterischen Denken E. niemals die Seelen Verstorbener, sondern Wesen einer eigenen Evolutionslinie. Sie haben keinen physischen Körper, können dem Menschen aber erscheinen (→ Erscheinung), was im Rahmen ihrer Funktion manchmal nötig ist. E. sind nämlich Mittler zwischen Gott und dem Menschen. „Schutz-E." sind einem bestimmten Menschen zugeordnet, den sie behüten und auf telepathischem Wege belehren. In der Vergangenheit sind detaillierte Theorien über den hierarchischen Aufbau der E.-Welt entwickelt worden. Einige „prominente" Erz-E. spielen in der abendländischen Symbolik eine große Rolle.

Lit.: *H. C. Moolenburgh: Engel als Beschützer und Helfer des Menschen. Freiburg 1985.*

Entität Ein entbehrlicher Begriff, eingeschleppt durch faule Übersetzer, die nicht nachschlagen wollten, was *entity* heißt. Es bedeutet Wesenheit, womit sowohl die Seele eines Verstorbenen als auch ein → Geistwesen gemeint sein kann.

Erdgebundene Seele Seele eines Verstorbenen, die sich nach dem Tode nicht von der irdischen Sphäre lösen konnte und nun immer noch am Leben der → Inkarnierten Anteil nimmt. Ursachen dafür können ein traumatischer Tod, starke Bindungen an Lebende oder unerledigte Angelegenheiten sein. E.S.n werden für die meisten → Spukphänomene verantwortlich gemacht. → Leben nach dem Tode, → Jenseits, → Spiritismus.

Erdstrahlen In der → Radiästhesie die hypothetische Ursache für die verschiedenen Ausschläge, die → Pendler und → Wünschelrutengänger an verschiedenen Orten erhalten. Der Ausdruck gibt die subjektive Empfindung des Radiästhesisten recht gut wieder und erlaubt ihm, seine Ergebnisse kurz und bündig zusammenzufassen (z.B. „negativ bestrahlt"). Physikalisch untermauert ist die Annahme von E. jedoch nicht. Leider hat sich durch diesen Begriff die Diskussion völlig auf die Frage konzentriert, ob es E. nun gibt oder nicht. Dabei ist in Vergessenheit geraten, daß radiästhetische Effekte auch noch anders zustandekommen könnten als durch Strahlung, etwa durch die Kombination von Feldwirkungen.

Erleuchtung Das Erlebnis des Einswerdens mit dem Kosmos oder mit Gott. In der E. sind die Grenzen des Ichs aufgehoben, die Zeit bleibt stehen, die Welt scheint von makelloser Vollkommenheit, der Erleuchtete hat das Gefühl, die absolute Wahrheit geschaut zu haben. Oft ist dies mit der Erfahrung eines hellen, überirdischen Lichts verbunden. Allerdings betonen alle, die von E. berichten, daß sie mit Worten nur sehr unvollständig zu beschreiben ist.

Unter modernen Esoterikern wird E. recht leichtfertig als das selbstverständliche Ziel aller spiritueller Bemühungen betrachtet. Über die radikale Veränderung, die dieser Zustand mit sich bringen würde, machen sich nur wenige ernsthaft Gedanken. Bei der eher unverbindlichen Art, mit der die meisten Zeitgenossen „auf dem Weg sind", ist die Gefahr einer echten E. allerdings auch minimal. → Mystik, → Illuminatio praecox.

Erscheinung Das Auftauchen einer menschlichen Gestalt „aus dem Nichts". Die Gestalt kann dabei schemenhaft, unvollständig oder durchsichtig sein oder auch so realistisch, daß der Betrachter zunächst gar nicht auf die Idee kommt, er könnte es hier nicht mit einem lebenden Menschen zu tun haben.

Meist handelt es sich bei E. en um Verstorbene; oft werden sie an einem Ort gesehen, der zu Lebzeiten für sie wichtig war. Häufig kommt es auch vor, daß ein soeben Verstorbener einem nahen Verwandten oder Partner erscheint. E. en können meist nicht reden; nähert man sich ihnen, so weichen sie zurück oder lösen sich in Luft auf.

Einzelfälle können leicht als Halluzinationen abgetan werden. Schwieriger ist dies, wenn mehrere Personen hintereinander und unabhängig voneinander die gleiche E. am gleichen Ort sehen; manchmal beobachten auch mehrere Personen gleichzeitig dieselbe E. und beschreiben sie nachher übereinstimmend.

Im übrigen müssen E. en nicht immer „aus dem Totenreich" kommen. Auch Menschen, die eine → außerkörperliche Erfahrung machen, können mitunter an dem Ort, wohin sie ihr Bewußtsein projizieren, als E. wahrgenommen werden.

Lit.:   Ian Currie: Niemand stirbt für alle Zeit. München 1979.

Esoterik *griech.: esoterikós;* innerlich. Ursprünglich das Wissen, das einem inneren Kreis von → Eingeweihten vorbehalten ist. Strenggenommen sind schon der → Schamane und seine Schüler ihrem Stamm gegenüber Eingeweihte. Auch innerhalb von Religionsgemeinschaften bildeten sich immer wieder Gruppen, deren Mitglieder sich intensiver um die Erfahrung des Göttlichen bemühten als der Rest der Gemeinde. Diese inneren Kreise schirmten sich bis zu einem gewissen Grad von ihrer Umwelt ab. Außenstehende fanden nicht leicht zu ihnen, und nie nahmen sie einfach jeden auf, der ihnen beitreten wollte. Der Schüler mußte für die Erfahrungen, die ihn erwarteten, erst innerlich bereit sein.

Die Unterweisung verlief schrittweise, meist über mehrere Stufen der Einweihung. Jede dieser Stufen durfte der Schüler erst dann nehmen, wenn er dafür reif erschien. Die Entscheidung darüber trafen die weiter Fortgeschrittenen. Den Schülern wurden nicht nur kognitive Inhalte vermittelt, sie wurden unter Aufsicht der Lehrer kontrolliert gewissen Erfahrungen ausgesetzt, etwa durch → Rituale, → Meditationen und andere Übungen.

Durch ihre intensiven Studien erlangten die Eingeweihten ein tieferes Verständnis der Welt und ihrer inneren Zusammenhänge. Deswegen begegneten ihnen die Uneingeweihten immer mit einer gewissen Vorsicht; es wurde allgemein angenommen, daß esoterisches Wissen auch magische Macht verleiht.

Die Lehren dieser inneren Zirkel wiesen gewisse grundlegende Übereinstimmungen auf, da sie alle von ähnlichen Erfahrungen ausgingen (→ Mystik). Etablierte Religionen haben allerdings die Tendenz, sich mit der

Zeit immer mehr von ihrem mystischen Kern zu entfernen. In der Geschichte des Abendlandes ist dieser Prozeß deutlich zu verfolgen. Wer weiterhin dem „inneren" Wissen anhing, mußte zunehmend in den Untergrund gehen. Das Esoterische wurde „occultus", verborgen, die „hermetische" Abschottung der Zirkel wurde zu einem Gebot des Überlebens der Mitglieder und ihrer Tradition (→ Hermetik).

Mit der Aufklärung, die nach und nach das moderne wissenschaftliche Denken als einzig zulässige Erklärung der Welt durchsetzte, wurde dann sogar die etablierte Religiosität zurückgedrängt.

Die derzeitige esoterische Renaissance bringt nun alles Verdrängte wieder zutage, allerdings kunterbunt gemischt. Ein Blick in einen einschlägigen Buchladen zeigt ein breitgefächertes Spektrum: → Parapsychologie, eher psychologisch orientierte Bewußtseinstrainings, heilige Texte und Darstellungen alter religiöser Systeme, Übungen aus traditionellen Schulen der Einweihung, Werke über die Geschichte des Okkulten, Erfahrungsberichte von spirituellen Abenteuern, magische Anleitungen, ethnologische Studien, Schilderungen früherer Leben, Weisheitsbücher von inkarnierten und nicht inkarnierten Gurus, esoterische Romane, Werke über alternative Heilweisen...

E. ist heute zunächst nicht mehr als ein Sammelsurium dieser Themen und Aktivitäten. Zwar bauen sie alle auf gewissen Grundannahmen über die Welt auf (→ esoterisches Weltbild); deswegen wird daraus aber noch lange keine einheitliche „Bewegung" mit Zielen, Programmen und „Anhängern" (→ New Age).

Auch ist die moderne E. nicht mehr esoterisch. Das Wissen ist öffentlich zugänglich, es wird meist leicht konsumierbar dargeboten (→ Workshop). Jeder kann aus einem breiten Angebot von Wegen wählen und mehrere gleichzeitig einschlagen, kann Übungen beginnen und abbrechen, wann er es für richtig hält. Das behutsame, schrittweise Begehen eines einzigen Weges unter der Betreuung eines kompetenten Lehrers ist in der modernen E. die Ausnahme.

Das heißt: Auch wenn die Inhalte, um die es in der E. geht, mitunter sehr alt sind, so sind doch die *Umstände*, unter denen man sich damit beschäftigt, ausgesprochen modern. E. steht nicht außerhalb der Gesellschaft, sondern findet in den Strukturen statt, die auch sonst unser Leben prägen. → Spiritueller Supermarkt, → Geld.

Lit.: Jörg Wichmann: Die Renaissance der Esoterik. Stuttgart 1990.

Esoterischer Jargon Wer die vom gesellschaftlichen Normbewußtsein gesetzten Grenzen überschreitet und sich esoterischen Fragen zuwendet, müßte eigentlich eine längere Phase der Unwissenheit und Desorientierung einplanen – zu vielfältig sind die neuen Informationen, zu ungewohnt die Gedankengänge. Und dieser Zustand wäre erst allmählich durch sorgfältige Auseinandersetzung mit dem Gebiet zu beheben.

So viel Geduld hat aber kaum jemand. Hier springt nun der E. J. in die Bresche. Er erlaubt einem, auch dann flüssig und überzeugend über Spirituelles zu reden, wenn man es noch nicht so recht versteht.

Jedes Gebiet hat seine Fachsprache; zum Jargon verkommt sie erst, wenn die Termini nicht präzise verwendet werden und nicht mehr auf Erfahrung gründen. Anders gesagt, wenn der Sprecher selbst nicht genau weiß, was er meint.

Im E. J. finden sich einmal Begriffe, die im Rahmen des Systems, aus dem sie stammen, durchaus wohldefiniert sind (→ Samadhi, → Kundalini, → Yin und Yang etc.), die aber schwammig gebraucht werden.

Sehr beliebt sind auch quasi-physikalische Termini (→ Strahlung, Vibrationen oder → Schwingungen, Kräfte, Felder, → Energien, neuerdings sogar → Quantensprung und → Hologramm); oft wird dabei betont, sie seien „noch unbekannter Natur", man möge sie also nicht allzu wörtlich nehmen. Niemand muß auch nur elementare Kenntnisse der Physik nachweisen, wenn er mit diesen Wörtern hantiert.

Drittens wimmelt es von Ausdrücken, die nur sagen, was ein Phänomen **nicht** ist, die aber trotzdem so verwendet werden, als seien sie bereits die Erklärung. Z. B.: „raum- und zeitübergreifend" (d. h. nicht an Raum und Zeit gebunden), oder → fein- d. h. nichtstofflich, oder → außer- d. h. nicht-sinnlich, aus einer anderen → Dimension (also nicht von dieser Welt), → transzendent (darüber hinausgehend), oder einfach → Jenseits (nicht hier).

Dafür, daß die Unbestimmtheit der Begriffe nicht stärker ins Auge springt, sorgen soziale Mechanismen: der E. J. ist Sprache einer Gruppe, in der genaues Nachfragen und präzise Unterscheidungen verpönt sind (das wäre unspirituell). Dadurch schweißt er die Insider aber auch zusammen; denn nur unter ihresgleichen können sie sicher sein, nicht in Frage gestellt zu werden.

Dem sozialen Zusammenhalt dienen auch gewisse Redewendungen, die wie Gebetsformeln wiederholt werden, z. B. „Wir betrachten den Menschen als Einheit von Körper, Geist und Seele". Fragen Sie mich nicht, was das heißt.

Esoterisches Weltbild Obwohl Esoterik kein Glaubensbekenntnis mit Dogmen und Katechismus ist, lassen sich doch gewisse grundlegende Überzeugungen anführen, denen man mindestens implizit zustimmen muß, um esoterische Aussagen für sinnvoll zu halten:

1. Die Welt wird als völlig geordnet betrachtet. Alles hängt mit allem auf eine sinnvolle Weise zusammen, wobei der Zusammenhang weit über das hinausgeht, was wir Ursache und Wirkung nennen. Der Mensch ist allerdings nicht imstande, diese Ordnung vollständig zu durchschauen, außer ansatzweise im Zustand der → Erleuchtung. Deswegen erscheint ihm vieles chaotisch und zufällig, was doch in perfekter Harmonie ist (was keineswegs bedeutet, daß es für uns Menschen angenehm sein muß; wir sind schließlich nicht die einzigen im Universum). Infolge dieser Geordnetheit haben auch Dinge etwas miteinander zu tun, die räumlich oder zeitlich weit auseinanderliegen. Gelegentlich werden sich Menschen dieses Zusammenhanges bewußt, z. B. bei → Telepathie und → Präkognition, oder sie nutzen ihn gezielt aus, etwa im → Orakel oder in der → Magie.

2. Der Mensch hat an zwei → Ebenen oder Zuständen der Wirklichkeit teil, der materiellen und der geistigen. Diese Zustände stehen in enger Wechselwirkung, sind letztlich zwei Aspekte einer Realität. Es ist aber auch ein rein geistiges Leben möglich. In diese Existenzform geht der Mensch über, wenn sich seine Seele vom Körper trennt. Daneben existieren Wesen, die nie mit einem Körper verbunden waren (→ Geistwesen). Kommunikation zwischen → Inkarnierten, den Seelen Verstorbener, und Geistwesen ist möglich.

Die Annahme, daß sich ein und dieselbe Seele immer wieder mit einem neuen Körper verbindet (→ Reinkarnation), ist nicht zwingend; sie ist aber weit verbreitet.

3. Es ist die natürliche Tendenz der Seele, zu wachsen, sich weiterzuentwickeln, immer umfassender und differenzierter zu werden. Dazu sind viele Erfahrungen nötig, auch unangenehme. Je mehr Einsicht jemand in die universellen Zusammenhänge gewinnt, desto mehr wird er scheinbare Gegensätze als zwei Extreme einer → Polarität sehen, die nicht unabhängig voneinander existieren können. Dieser Prozeß der „Verschmelzung der Gegensätze" führt konsequenterweise irgendwann zur Aufhebung aller Polaritäten, zum Aufgehen in der kosmischen Einheit. Solange wir aber noch als Inkarnierte auf der materiellen Ebene leben, liegt dieses Ziel in weiter Ferne. Als Orientierungspunkt ist es freilich jetzt schon wichtig.

4. Das Universum ist freundlich für den, der seine Gesetze kennt und sie respektiert. Wahres Glück entsteht dadurch, daß man tut, was notwendig ist, und akzeptiert, was geschieht.

Auf keinen Fall sollte man das hier dargestellte Weltbild mit einer Theorie verwechseln. Es scheint vielmehr das natürliche Ergebnis spiritueller Praxis zu sein, was sich daran zeigt, daß Schulen aus unterschiedlichsten Zeiten und Kulturen immer wieder zu ähnlichen Aussagen gelangten. Heutige Esoteriker können freilich auch auf dem Wege des Bücherlesens zu diesen Erkenntnissen gekommen sein. Ihre Überzeugungen sind dann keine durch Erfahrung gewonnene Gewißheit. Man merkt das meist daran, daß sie Schwierigkeiten haben, in Einklang mit ihnen zu handeln.

Esoterik und Wissenschaft Einer verbreiteten Meinung zufolge ist die Esoterik eine Ansammlung von Glaubensartikeln, denen die Menschen früherer Zeiten nur anhingen, weil es die moderne Wissenschaft noch nicht gab. Manche Leute meinen sogar, die Wissenschaft habe *bewiesen*, daß esoterische Ansichten falsch sind. Das ist aus mehreren Gründen nicht richtig.

1. Wissenschaftler unterliegen den gleichen Vorurteilen wie andere Menschen und sind noch mehr als diese auf ihre Seriosität bedacht. Also halten sie es meist für unschicklich, sich mit dem „offensichtlichen Unsinn" der Esoterik überhaupt zu beschäftigen (→ Skeptiker). Tut dies jemand doch und untersucht z. B. das → Wünschelrutengehen oder Thesen der → Astrologie, so erhebt sich sofort ein Sturm der Entrüstung. Ein Forscher, der etwa die Wirksamkeit einer Regenzeremonie überprüfen wollte (was methodisch kein Problem wäre), könnte seine akademische Karriere an den Nagel hängen. Im Normalfall erhält die Wissenschaft also gar keine *Chance*, die Esoterik zu widerlegen.

2. Naturwissenschaftliche Methoden sind für die Untersuchung wiederholbarer, d. h. häufiger Ereignisse gedacht. Man bemüht sich um möglichst große Fallzahlen, um sie mit den Mitteln der Wahrscheinlichkeitsrechnung (Statistik) auszuwerten. Dieses Wahrscheinlichkeitskonzept („Zufall") widerspricht dem esoterischen Denken, das jeden einzelnen Fall als einzigartig betrachtet. Umstritten ist also bereits, mit welchen Mitteln man die Wahrheit herausfinden soll.

3. Was als Beweis akzeptiert wird, hängt auch stark von sozialen Faktoren ab. Schon bei „normalen" Fragen können sich verschiedene Schulen endlos bekriegen, obwohl doch alle Parteien wissenschaftlich vorgegan-

gen sind. Gegenüber der Esoterik wird das soziale Element noch viel wichtiger, es kann dann zu einem regelrechten Diskussionsverbot führen. Das hat am stärksten die → Parapsychologie erfahren: Obwohl sie seit über einem Jahrhundert nach allen Regeln der Kunst Beweis auf Beweis häuft, werden ihre Ergebnisse weniger angezweifelt als *ignoriert*.

E. und W. könnten durchaus friedlich nebeneinander leben, da sie meist mit verschiedenen Methoden verschiedene Fragen bearbeiten. Wenn sie trotzdem als Rivalen auftreten, so deshalb, weil die Wissenschaft in den letzten Jahrhunderten den Anspruch erhoben hat, eine nicht nur gültige, sondern *vollständige* Erklärung der Welt zu liefern. Die Frontstellung, die die öffentliche Diskussion noch beherrscht, ist allerdings in der vordersten Linie der Entwicklung längst aufgeweicht: Die Modelle der wirklich modernen Wissenschaft sind erheblich kühner und phantastischer, als sich der Laie träumen läßt und ähneln manchmal verblüffend uralten Vorstellungen vom Aufbau der Welt (→ Hologramm).

Esoterisch Interessierte haben zur Wissenschaft oft eine zwiespältige Einstellung. Einerseits betrachten sie die Wissenschaftler als kalte, rationalistische, logisch-analytische → Materialisten – andererseits nehmen sie jedes Forschungsergebnis, das zu den eigenen Auffassungen paßt, triumphierend zur Kenntnis („Wurde sogar von führenden Wissenschaftlern bestätigt"). Auch die neue Konvergenz von Physik und traditionellen Lehren wird hauptsächlich als Bestätigung gesehen und oft sehr simplifizierend dargestellt.

Lit.:   Herbert Pietschmann: Das Ende des naturwissenschaftlichen Zeitalters. Frankfurt 1983.
Gary Zukav: Die tanzenden Wu Li Meister. Reinbek 1981.

Exorzismus Die Austreibung von Teufeln und Dämonen aus einem Besessenen (→ Besessenheit) durch Beschwörungen, Flüche und die Anrufung Gottes. Dabei denkt man vor allem an die entsprechenden Praktiken der Kirche, bei denen ein regelrechter Kampf gegen die Mächte des Bösen geführt wird. Auch → Spiritisten kennen Verfahren, um Menschen von fremden Einflüssen zu befreien, sie gehen dabei aber sanfter vor und betrachten die Wesenheiten nicht als prinzipiell böse. Deswegen verwenden viele den Begriff E. nicht mehr gerne. → Clearing.

F

Fakir *arab.: faqir;* der Bescheidene. Ursprünglich Bezeichnung für einen → Sufi. Heute meint man damit meist einen indischen *miracle worker,* also einen Wundertätigen. F. e verfügen über außergewöhnliche Körperkontrolle, so daß sie z. B. Selbstverstümmelungen ohne Schmerz ertragen und auch auf dem berühmten Nagelbrett sitzen können. Obwohl wir geneigt sind, diese Figur mehr dem Bereich der Cartoons als der Esoterik zuzurechnen, sind solche Leistungen doch gut dokumentiert. Eine ganz andere Frage ist, ob die Energie, die für das Erlernen derartiger Kunststücke aufgewendet werden muß, nicht sinnvoller eingesetzt werden könnte. Viele spirituelle Lehrer sind der Ansicht, daß man außergewöhnliche Fähigkeiten nicht als Ziel anstreben sollte, da dies nur das → Ego des Übenden befriedigt und ihn von seinem eigentlichen Weg ablenkt. → Wunder.

Fasten Eine universelle Methode zur Einstimmung auf höhere Realitäten. Das heute verbreitete Heilfasten vermittelt allerdings nur einen schwachen Abglanz des extremen F. s, wie es beispielsweise bei der → Visionssuche der Indianer üblich war. Trotzdem berichten auch heutige Fastende von geschärfter Wahrnehmung, intensiveren Träumen und gesteigerter Sensitivität für innerseelische Vorgänge.

Feinstofflich Typisches paradoxes Wort des → esoterischen Jargons. Gemeint ist *nicht* stofflich. Ausgangspunkt für den Begriff ist die Vorstellung, daß f. e Strukturen weniger „dicht" sind als materielle, oder eine „höhere Frequenz" haben als diese. Was dabei schwingt, oder gar wie schnell, darüber macht sich kaum jemand Gedanken. Häufig wird auch von „f. en Energien" gesprochen, wenn man „höhere" Energien meint, deren genaues Wesen noch unbekannt ist. → astral, → Energie.

Fernheilung Eine Form des → geistigen Heilens, bei welcher der Heiler von seinem Patienten räumlich getrennt ist. Wie bei der → Telepathie scheint auch hier die Entfernung für den Erfolg keine Rolle zu spielen; manche Heiler meinen sogar, daß die übliche Unterscheidung in Nah- und Fernheilung eine künstliche ist, weil beide Formen nach dem gleichen Prinzip funktionieren.

Häufig diskutiert wird, ob man F. auch ohne Einwilligung des Behandelten durchführen darf, oder ob dies einen unzulässigen Eingriff in die Freiheit und Eigenverantwortung des Kranken darstellt.

Fernwahrnehmung Das außersinnliche Erkunden einer Örtlichkeit, an der man physisch nicht anwesend ist. Die genaueste F. findet in → außerkörperlichen Zuständen statt; bei → Schamanen, die diese Zustände willentlich herbeiführen und kontrollieren können, gehört F. zum Grundrepertoire. Die moderne → Parapsychologie hat unter dem Namen *remote viewing* Verfahren entwickelt, mit denen auch ungeübte, bisher nicht als hellsichtig bekannte Versuchspersonen erstaunliche Ergebnisse erzielen.

Fetisch Ein künstlich hergestellter Gegenstand, dem besondere Kräfte zugeschrieben werden. Der F. repräsentiert die Macht oder die Gottheit, die durch ihn hindurch wirkt, er wird also nicht wirklich als lebloser Gegenstand betrachtet. → Power Object.

Feuerlaufen Barfüßiges Laufen über glühende Kohlen, ohne sich dabei zu verbrennen; was nur möglich ist, wenn sich der Läufer in einem veränderten, tranceähnlichen Bewußtseinszustand befindet (→ Trance). F. wurde seit jeher und wird heute noch in den verschiedensten Regionen der Welt in rituellem Zusammenhang praktiziert. Seit einigen Jahren erfreut es sich auch in der esoterischen Szene großer Beliebtheit, als Gelegenheit zur Selbsterfahrung und bewußtseinserweiternden Mutprobe. Das häufigste Motiv dafür: „Ich wollte mir beweisen, daß ich das schaffe."

Findhorn Spirituelle Gemeinschaft in Schottland, die besonders durch ihren Garten berühmt wurde. Auf kargen Böden in rauhem Klima wuchsen dort riesiges

Gemüse und prächtige Blumen. Die Gründungsmitglieder (Eileen und Peter Caddy, Dorothy McLean) glaubten zu wissen, wie dieses → Wunder zustande kam: Sie standen mit den → Devas der Pflanzen in direkter Verbindung und erhielten von diesen Rat und Hilfe (→ Channeling).

Heute ist F. ein New Age-Zentrum mit vielen verschiedenen Kursen und vielen deutschen Besuchern. Der Gartenbau wird nicht mehr ganz so wichtig genommen; die Kohlköpfe sind daraufhin prompt kleiner geworden.

Lit.:   Paul Hawken: Der Zauber von Findhorn. München 1980.

Fortune Dion Pseudonym von Violet Firth (1891–1946), berühmte englische Okkultistin und Autorin. D. F. war zunächst Mitglied der → Theosophen, trat dann dem Order of the → Golden Dawn bei und gründete schließlich ihre eigene Gruppierung, die *Fraternity of the Inner Light*, die immer noch arbeitet. Ob D. F. s hohe Reputation in magischen Kreisen gerechtfertigt war, läßt sich heute schwer beurteilen. Unbestritten sind aber ihre Verdienste als Autorin. Mit Büchern wie *Die mystische Kabbala, Selbstverteidigung mit Psi* und *The Cosmic Doctrine* hat sie das moderne esoterische Denken nachhaltig beeinflußt. → Magie.

Lit.:   Dion Fortune: Die mystische Kabbala. Freiburg 1990.
        Dies.: Selbstverteidigung mit PSI. Schwarzenburg 1979.

Freimaurer Eine der bekanntesten → Geheimgesellschaften des Abendlandes, wahrscheinlich aus den Bauhütten der gotischen Kathedralen hervorgegangen, aber formal erst 1717 in London gegründet. Erklärtes Ziel der F. ist die spirituelle und ethische Vervollkommnung der Mitglieder durch rituelle und symbolische Arbeit. Diese → Symbole und → Rituale lassen deutlich ihre Herkunft aus der → hermetischen Tradition erkennen, das tatsächliche Wirken der F. war aber vorwiegend gesellschaftlich und politisch orientiert. Da die F., denen viele bedeutende Persönlichkeiten angehört haben, einen Zusammenschluß über die Grenzen von Ländern und Konfessionen hinweg darstellen, sind sie oft als finstere Verschwörung verteufelt worden.

Lit.: Hans Biedermann: Das verlorene Meisterwort. Wien 1986.

G

Gaia-Hypothese G. war der griechische Name für Mutter Erde. Die G. H., die auf John Lovelock und Lynn Margulis zurückgeht, besagt, daß die Erde ein intelligenter, lebender Organismus ist, in dem jede Spezies nur eine Teilrolle spielt. (Witziger hat das der deutsche Autor Micky Remann ausgedrückt: Wenn es Mutter Erde irgendwo in Afrika juckt, läßt sie ein paar Elefanten kratzen.) Da die G. H. ausgesprochen → ganzheitlich ist, wird sie von Menschen des Neuen Zeitalters gerne zitiert. Nur verdrängt man eine ihrer entscheidenden Konsequenzen oft: Mutter Erde könnte sich genötigt sehen, die Menschheit zu eliminieren, um ihr eigenes Überleben zu sichern.

Lit.: Susanne Seiler (Hrsg.): Gaia – das Erwachen der Göttin. Freiburg 1991.
James Lovelock: Das Gaia-Prinzip. München 1991.

Ganzheitlich Wichtiges Attribut aller → New Age-Theorie und -Praxis. Unter dem Schlachtruf „Das Ganze ist mehr als die Summe seiner Teile" versucht man, die Zersplitterung und Spezialisierung der modernen Zeit zu überwinden. „G. e Medizin" betrachtet den ganzen Menschen und nicht nur sein Symptom, „g. e Erziehung" vermittelt nicht nur Wissen etc.

Um das Ganze überblicken zu können, muß man allerdings umfassend informiert sein und fähig, viele Faktoren zu einer großen Synthese zu vereinen. G. es Denken und Handeln ist also schlicht *schwieriger* als die gängige Praxis, und an dieser Hürde scheitert vieles, was als g. er Ansatz verstanden werden will. In Wirklichkeit wird oft einfach eine alte Meinung gegen eine neue ausgetauscht, die genauso beschränkt vertreten wird. In diesen Fällen wäre „alternativ" das bessere Wort.

Gedankenform Eine unsichtbare, gleichwohl wirksame → astrale Struktur, die durch das Denken eines bestimmten Gedankens entsteht. Wird ein Gedanke oftmals oder von vielen Menschen gedacht, so verstärkt sich die G. Das Konzept spielt eine wesentliche Rolle in der → Magie und zeigt außerdem deutliche Parallelen zu Rupert Sheldrakes Auffassung vom Einfluß → morphogenetischer Felder.

Gedankenlesen Populäre Bezeichnung für → Telepathie. Hier wird implizit angenommen, daß der Empfänger einer telepathischen Botschaft der aktivere Teil ist, denn er „liest" ja im Bewußtsein des Senders! Ein in dieser Hinsicht neutralerer Ausdruck ist „Gedankenübertragung".

Geheime(s) Leben der Pflanzen, das, Titel eines bekannten Buches von Peter Tompkins und Christopher Bird. Darin werden Versuche beschrieben, die darauf hindeuten, daß Pflanzen in → telepathischer Verbindung mit Menschen stehen und auf ihre Gedanken und Gefühle reagieren können. Das G. ist also, menschlich ausgedrückt, ihr Seelenleben.

Lit.: Peter Tompkins & Christopher Bird: Das geheime Leben der Pflanzen. Frankfurt 1977.

Geheimgesellschaften Ein gewisses Maß an Abgeschlossenheit war immer schon mit der Arbeit spiritueller Schulen verbunden (→ Esoterik). Dies sollte sicherstellen, daß die innere Arbeit ungestört und ernsthaft betrieben werden konnte. Auch wollte man verhindern, daß Wissen in die Hände von Menschen gelangt, die damit noch nicht umgehen können.

Ein weiterer Grund für Geheimhaltung war der Schutz der Schüler vor den Verfolgungen durch die etablierten Religionen, was sich besonders in der Geschichte der christlichen Kirche als notwendig erwies. Gedankengut, das sich einige Jahrhunderte n. Chr. noch frei entfalten durfte, konnte später nur noch in verschlüsselter Form oder in G. weitergegeben werden. Bekannte G. sind z. B. die Templer, → Rosenkreuzer und → Freimaurer.

Mit schwindender Macht der Kirche änderte sich natürlich auch der Charakter der G. Immer mehr Geheimnisse drangen nach außen, so daß oft kaum mehr etwas durch Verschwiegenheit geschützt werden mußte; die Geheimhaltung wurde dann teils zur puren Konvention, teils zum Mittel, den Mitgliedern das Gefühl der Auserwähltheit zu vermitteln.

Durch Abspaltungen und Neugründungen ist inzwischen ein verwirrendes Gestrüpp von G. entstanden, vom Erbauungsverein bis hin zum straff organisierten → magischen Orden. Die vielen verschiedenen Rituale, Grade, Symbole, Legenden und heiligen Schriften dieser G. überblicken nur noch wenige Experten.

Lit.:   Horst Miers: Lexikon des Geheimwissens. München 1976.

Gehirnwäsche Anschaulicher Sammelbegriff für gewisse extreme Methoden, die Einstellungen einer Person zu ändern. Ursprünglich zur politischen Indoktrination gedacht, wird ihr Einsatz heute oft → Sekten unterstellt. Tatsächlich gibt es religiöse Gruppierungen, denen die psychische Gleichschaltung ihrer Mitglieder sehr am Herzen liegt. Zu diesem Zweck setzen sie Methoden, die ursprünglich zur Erweiterung des Bewußtseins gedacht waren, ebenso ein wie gruppenpsychologische Mechanismen und simple Propagandatechniken.

Daraus nun allerdings zu schließen, jeder Anhänger eines → Gurus oder überhaupt jeder Esoteriker sei Opfer einer G., ist blanker Unsinn. Man kann sich diesem Gebiet auch aus freien Stücken zuwenden.

Geist 1. Das im Menschen manifestierte göttliche Prinzip, sein „göttlicher Funke". 2. Sammelbezeichnung für alle körperlosen Wesen, auch G.-Wesen genannt. Frühere Religionen trafen hier vielfältige Unterscheidungen: Götter, Engel, Dämonen, Natur-, Elementar-, Tier-G. etc., oft mit Angabe ihrer hierarchischen Gliederung und Benennung einzelner Persönlichkeiten. Auch für → Schamanen und → Magier war es sehr wichtig zu wissen, mit wem sie es zu tun hatten, da sie bei ihrem Wirken oft den Rat und die Unterstützung eines G. es in Anspruch nehmen wollten.

Im → Spiritismus meint G. die Seele eines Verstorbenen, und in dieser eingeschränkten Bedeutung wird das Wort heute meist verwendet – beim „G. er-Beschwören" oder dem „Verkehr mit der G. er-Welt" sucht man Kontakt mit menschlichen Seelen.

Die meisten Menschen unserer Kultur glauben allerdings fest daran, daß es G. er nicht gibt. Vorgänge, die früher als Manifestation eines G. es betrachtet wurden, interpretiert die Psychologie heute als „abgespaltenes unbewußtes Material". Wenn sich also z. B. ein G. durch den Mund eines → Mediums mitzuteilen scheint, so steckt dahinter, aus dieser Sicht, eine unbewußte „Teilpersönlichkeit" des Mediums, die wie ein unabhängiges Wesen auftritt.

Diese Behauptung ist prinzipiell nicht zu widerlegen, denn es gibt keine Kriterien dafür, wo das Unbewußte aufhört; man kann also alles, was man will, dazurechnen. Normalerweise gelten „nicht falsifizierbare" Hypothesen als unbrauchbar für die wissenschaftliche Foschung.

Da G. er vieles können, was die normalen Fähigkeiten des Menschen übersteigt (z. B. → Xenoglossie), muß man nach der psychologischen Erklärung alle diese Fähigkeiten dem Unbewußten zutrauen. Man hat dann ein Rätsel gegen ein neues eingetauscht; denn dadurch, daß man sie „unbewußt" nennt, sind die Phänomene ja nicht erklärt. → Spiritismus, → Erscheinung, → Leben nach dem Tode.

Geistaustreibung Deutsche Bezeichnung für → Exorzismus.

Geistführer Ein körperloses Wesen, das einem → Inkarnierten beisteht, indem es ihm hilfreiche Gedanken
und Einsichten vermittelt (oft ohne daß der Schützling
es merkt), ihn in Situationen führt, aus denen er lernen
kann, und ihn vor ungünstigen Erfahrungen bewahrt.
Je besser man lernt, mit seinem G. zu kommunizieren,
desto mehr kann man von ihm profitieren.

Die Vorstellung einer geistigen Führung ist universell
und uralt. Unterschiedliche Ansichten herrschen darüber, wie viele G. ein Mensch hat und ob sie das ganze
Leben bei ihm bleiben. Es wird auch für möglich gehalten, daß der G. seinen Schützling besonders in der Zeit
zwischen den Inkarnationen betreut.

Einen Grenzfall stellt das → Höhere Selbst dar. Eigentlich gilt es als Teil der menschlichen Seele, es wird
aber oft angerufen wie ein unabhängiger G. („Frage
dein Höheres Selbst um Rat").

In der Esoterikszene sind zahlreiche Anweisungen
dafür im Umlauf, wie man mit seinem G. besser in
Kontakt kommt. Psychologisch betrachtet sind dies
meist → Visualisierungsübungen im Zustand leichter
→ Trance; nur daß die Gestalten, die dabei vor dem
inneren Auge auftauchen können, nicht als rein innerseelische Prozesse angesehen werden. → Spiritismus,
→ Channeling, → Engel.

Lit.: *Eugene Jussek: Begegnung mit dem Weisen in uns. München
1986.*

Geistheilung Heilung mit geistigen Mitteln. Das kann
durch Handauflegen, Gebete oder → Visualisierungen
geschehen. Geistheiler haben meist den deutlichen Eindruck, nur ein „Kanal" für die göttliche Energie zu sein,
die letztlich die Heilung bewirkt, und sie betonen die

Notwendigkeit der Demut. Sowie ein Heiler meine, die G. sei sein eigenes Werk, werde die Kraft früher oder später von ihm genommen. Manche Heiler fühlen auch die Verbindung zu einer nicht → inkarnierten Wesenheit, die ihnen bei ihrer Arbeit hilft.

Viele spirituelle Gruppen bilden Heilungskreise, in denen für Kranke gebetet wird. Bewegungen wie die englische *Spiritualist Association* geben Unterricht in G., auch bei der → Silva Mind Control werden Methoden dafür trainiert. G. kann auch gelingen, wenn der Behandelte nicht anwesend ist; in diesem Fall spricht man dann von → Fernheilung.

Lit.: *Harry Edwards: Geistheilung. Freiburg 1983.*
Anita Höhne: Geistheiler heute. Freiburg 1991.

Geld Für viele Kritiker das Hauptmotiv aller esoterischen Aktivitäten. Rolls Royce fahrenden → Gurus und teuren Seminaren widmet die öffentliche Berichterstattung große Aufmerksamkeit.

Wie meistens sind die wahren Verhältnisse banaler. Moderne Esoterik verläuft zu einem großen Teil in merkantilen Strukturen: Güter und Dienstleistungen werden auf dem Markt angeboten, und Konsumenten bezahlen dafür einen gewissen Preis. Ähnlich wie in anderen Sektoren der Wirtschaft gibt es wenige Spitzenverdiener und viele, die unter dem Durchschnitt bleiben. Einigen bekannten Gurus, Bestseller-Autoren und Gruppenleitern steht eine große Zahl von „hauptberuflichen Esoterikern" gegenüber, die sich gerade noch über Wasser halten und in anderen Berufen wahrscheinlich mehr verdienen würden.

Daß G. im Zusammenhang mit Esoterik trotzdem immer wieder diskutiert wird, liegt an der Vorstellung, G.

und Spiritualität seien natürliche Gegensätze. Das alte mönchische Ideal der Entsagung und Welt-Abgewandtheit war allerdings nur deshalb zu verwirklichen, weil die Mönche von der Gesellschaft unterstützt wurden. Wer ähnlich hehre Maßstäbe an moderne Esoteriker anlegt, müßte dazusagen, wie er denn deren Überleben garantieren will.

Die Esoterik-Anbieter selbst nehmen hier sehr unterschiedliche Standpunkte ein: Manche sehen ebenso wie ihre Kritiker einen Widerspruch darin, sich gegen den Materialismus unserer Zeit zu wenden und trotzdem G. zu nehmen. Andere erklären G. schlicht zu einer Form von → Energie (*green energy* bei den Amerikanern, weil Dollarnoten grün sind) und versuchen es zu maximieren, wobei sie dann von anderen Kapitalisten nur noch schwer zu unterscheiden sind. Dabei wäre der vermeintliche Gegensatz einfach aufzulösen: Nicht wer materielle Güter besitzt und benützt, behindert sein spirituelles Fortkommen – sondern wer sie zu wichtig nimmt und sich an sie klammert. Es käme also nicht so sehr darauf an, wieviel G. jemand hat oder nimmt, sondern wie er damit umgeht. → Spiritualität.

Gematria → Kabbalistisches Verfahren, um verborgene Zusammenhänge zwischen Worten oder Sätzen zu ergründen. Da im Hebräischen die Buchstaben gleichzeitig Zahlzeichen sind, läßt sich für jedes Wort durch Addition eine „Quersumme" berechnen. Haben zwei Begriffe die gleiche Quersumme, so wird eine innere Verwandtschaft zwischen ihnen angenommen. Ähnliche Operationen sind übrigens auch mit der arabischen Sprache möglich und spielen in der Tradition der → Sufis eine große Rolle. → Numerologie.

Geomantie Ursprünglich eine Form des → Orakels, bei welcher der Wahrsager bestimmte Gegenstände (z. B. Kiesel oder Samenkörner) auf den Boden wirft und dann aus ihrer Lage die Zukunft zu erschließen versucht.

Neuerdings wird als G. aber auch die alte Lehre von den Kraftfeldern der Erde bezeichnet. Ein der G. Kundiger ist imstande, → Orte der Kraft aufzuspüren und die optimale Lage und Form von Bauwerken festzulegen. → Radiästhesie.

Lit.: Nigel Pennick: Das kleine Handbuch der angewandten Geomantie. Amrichshausen 1985.

Gipfelerfahrung *engl.: peak experience.* Ausdruck des amerikanischen Psychologen Abraham Maslow (1908–1970) für spontane Erfahrungen der Erhebung, „Momente von tiefer Ehrfurcht, Momente intensivsten Glücks oder sogar der Verzückung, Ekstase und Seligkeit". Maslow fand, daß solche Erlebnisse sehr viel häufiger auftreten, als man für gewöhnlich annimmt, und daß sie den Schilderungen von → Mystikern sehr nahekommen. „G. en können als wahrhaft religiöse Erfahrungen betrachtet werden im besten, umfassendsten und zutiefst humanistischen Sinne dieses Wortes". → Human Potential Movement, → Erleuchtung.

Lit.: Abraham Maslow: Die Psychologie des Seins. München 1973.

Gläserrücken Prozedur zur Kontaktaufnahme mit Verstorbenen. Am häufigsten werden dabei Kärtchen mit allen Buchstaben des Alphabets sowie den Zahlen von 0 bis 9 kreisförmig auf einem Tisch ausgelegt. In der Kreismitte steht ein umgestülptes Glas, auf das alle Teilnehmer der → Séance einen Finger legen. Links bzw. rechts davon liegen ein „Ja-" und ein „Nein-"Kärtchen. Im Falle einer geglückten Kommunikation wandert das Glas wie von selbst über den Tisch und buchstabiert Botschaften. Über deren Herkunft streiten sich Spiritisten (→ Spiritismus) und Skeptiker.

Hitzige Diskussionen darüber, ob „der → Geist" oder die Anwesenden das Glas bewegen, gehen von einer falschen Alternative aus. Nach spiritistischer Auffassung wirkt der Verstorbene auf das Bewußtsein der Teilnehmer und dieses auf ihre Motorik. Auch wenn man Geistereinfluß annimmt, setzen also letztendlich die Finger der Teilnehmer das Glas in Bewegung. → Jugendliche und Okkultismus, → Oui-ja-Brett.

Gnosis *griech.;* Erkenntnis. Philosophie, die ihre Blüte in den ersten Jahrhunderten n. Chr. im Mittelmeerraum erlebte, aber weit über diese Zeit hinaus wirkte. Die G. betrachtete die materielle Welt als grundsätzlich verworfen und nahm an, daß sie sich in der Gewalt eines bösen Schöpfergottes (des „Demiurgen") befinde. Demgemäß strebte die menschliche Seele danach, die materielle Welt zu überwinden und durch Erkenntnis der Wahrheit wieder in die Region des reinen, göttlichen Lichts zu gelangen.

Diese Weltsicht überlebte als „Manichäismus" im mittleren Osten bis ins 10. Jh. und begann sich dann wieder in Europa auszubreiten. Im 12. und 13. Jh. gewann die gnostische Sekte der „Katharer" großen Einfluß in Südfrankreich, wobei sie immer mehr in Konflikt mit der katholischen Kirche geriet. In einem Feldzug, der auf ein riesiges Massaker hinauslief, wurde sie 1229 vernichtet. Von „Katharer" leitet sich unser Wort „Ketzer" ab, und in späteren Ketzer- und → Hexenverfolgungen bedienten sich Staat und Kirche oft der Methoden, die im Kampf gegen gnostische Sekten entwickelt worden waren.

Obwohl die G. letztlich durch ihren Konflikt mit der Kirche in die Geschichte eingegangen ist, hat sie das christliche Denken stark beeinflußt. In ihrer Ablehnung der diesseitigen Welt („die Erde ist ein Jammertal") stehen sich G. und späteres Christentum sehr nahe.

Aber auch im Untergrund häretischer Sekten und okkulter Gruppierungen hat das Gedankengut der G. bis in die heutige Zeit überlebt. Vor allem die Idee vom Aufstieg der Seele, die die Niederungen der Materie hinter sich läßt, taucht in der europäischen Esoterik immer wieder auf.

Lit.: Hans Leisegang: Die Gnosis. Stuttgart 1985.

Golden Dawn *Hermetic Order of the; engl.;* Hermetischer Orden der goldenen Morgenröte. 1888 in England gegründete → Geheimgesellschaft, welche die neuere westliche → Magie wesentlich beeinflußt hat. Der G. D. verband Elemente der → Kabbala, des → Tarot, der → Astrologie, der ägyptischen Mythologie und anderer → hermetischer Traditionen zu einem umfassenden System von Übungen und Ritualen, aus dem sich seither Generationen von Magiern bedient haben.

Einige Mitglieder des G. D. sind später zu bekannten Okkultisten avanciert, z. B. E. A. Waite, der Schöpfer des gebräuchlichsten Tarots, → Dion Fortune und → Aleister Crowley.

Lit.: Israel Regardie: Das magische System des Golden Dawn. Freiburg 1988.

Gurdjieff, auch **Gurdjew**   Georg Iwanowitsch. Russischer Esoteriker griechisch-armenischer Abstammung. 1873 geboren, wuchs G. zunächst im Grenzgebiet zwischen Rußland, der Türkei und Persien auf und kam mit den verschiedensten religiösen Traditionen in Berührung. Schon als junger Mann unternahm er ausgedehnte Reisen nach Zentralasien auf der Suche nach „Geheimwissen"; nach einer langen Lern- und Wanderzeit gründete er 1923 ein spirituelles Zentrum in der Nähe von Paris, das bis 1933 bestand. Bis zu seinem Tod 1949 verfaßte G. umfangreiche Werke, reiste wieder viel und gründete neue Gruppen, besonders in den USA.

G.s System ist stark von der Lehre der → Sufis beeinflußt, integriert aber noch viele andere Einflüsse, die er bei seinen Studien kennengelernt hat. Der Grundgedanke ist, daß sich der normale Mensch in einem unbewußten, quasi schlafenden Zustand befindet und erst zum „Erwachen" gebracht werden muß, bevor er die Welt objektiv sehen kann. Dies soll bei G. u. a. durch Bewußtseins- und Bewegungsübungen sowie durch harte Arbeit erreicht werden.

G. hat immer noch zahlreiche Anhänger; die Gruppen, die nach seinen Prinzipien arbeiten, treten aber öffentlich meist nicht in Erscheinung. Als Basis einer Massenbewegung eignen sich G.s Lehren schon deshalb nicht, weil sie zuviel Disziplin von den Schülern verlangen.

Lit.:   *Georg I. Gurdjieff: Begegnungen mit bemerkenswerten Menschen. Freiburg 1978.*
ders.: All und Alles. Freiburg o. J.
Louis Pauwels: Gurdjew der Magier. München 1956.

Guru *Sanskrit;* Lehrer. Die Beziehung zwischen G. und „Chela" (Schüler) wird besonders in der östlichen Tradition für sehr wichtig gehalten. Durch Übungen, Aufgaben und Belehrungen führt der G. seinen Schüler schrittweise an das Wissen heran; er entscheidet, welche Erfahrungen der Schüler bereits verarbeiten kann, und hilft, sie in einen kognitiven Rahmen einzuordnen. Auch dient er seinem Schüler als Vorbild und unterweist ihn wortlos durch seine Handlungen.

Der Bedeutungswandel, den das Wort G. im Westen durchgemacht hat, beleuchtet die veränderten Umstände, unter denen die spirituelle Suche hier stattfindet. Um heute G. genannt zu werden, muß man so viele Anhänger haben, daß eine individuelle Betreuung der Schüler kaum noch möglich ist. Die Interaktion zwischen heutigen G. s und ihren Schülern ähnelt oft mehr der Beziehung von „Star" und „Fan": der G. als Idol, das sich zur Anbetung zur Verfügung stellt.

Was zwischen dieser Art von G. s und ihrem Gefolge vor sich geht, läßt sich manchmal besser sozialpsychologisch als esoterisch beschreiben. Die Anhänger idealisieren ein Individuum, um sich dann seiner Führung anzuvertrauen und dadurch ein Gefühl der Geborgenheit und Auserwähltheit zu erreichen.

Diese Konstellation ist auch im politischen Zusammenhang wohlbekannt und dort schon brisant genug; im spirituellen Bereich kommt noch hinzu, daß der G. hier leicht Übungen anregen kann, die seine Anhänger psychisch synchronisieren und an ihn binden (z. B. das kollektive Singen von → Mantras). → Gehirnwäsche.

Das Problem ist nicht von den Medien erfunden worden; allerdings verzerren sie es oft so stark, daß der

Eindruck entsteht, eine andere Beziehung zwischen G. und Jünger sei gar nicht möglich.

Dabei geraten dann einige Gesichtspunkte leicht in Vergessenheit. 1. Der G. wäre nichts ohne die kollektiven Erwartungen seiner Anhänger. Die späteren Opfer müssen ihren Verführer zunächst erschaffen. 2. Nicht jeder G. mißbraucht seine Rolle zu persönlichen Zwecken. Ein integrer, weiser und liebevoller Mensch kann auch im Rahmen eines „spirituellen Fanclubs" segensreich wirken. 3. Die Lehre eines G.s kann ein Wert an sich sein, auch wenn man mit der Person des Lehrers nicht einverstanden ist. Daß alle G.s zwangsläufig „wirre Heilslehren" verbreiten, ist ein Journalisten-Märchen.

Falsch ist auch das Gewicht, das man G.s und ihren Anhängern in der Diskussion um Esoterik gibt. Wohl treten sie in der Szene stark in Erscheinung, die überwiegende Mehrheit der Esoterik-Konsumenten gehört aber keiner dieser Gruppierungen an.

Lit.: *Reshad Feild: Ich ging den Weg des Derwisch. Frankfurt 1981.*
Irina Tweedie: Wie Phönix aus der Asche. Reinbek 1984.
Jörg Andrees Elten: Ganz entspannt im Hier und Jetzt. Reinbek 1979.

H

Hara *jap.*; Bauch. Die „Körpermitte", im übertragenen Sinne auch das innere Zentrum des Menschen, das im → Zen-Buddhismus eine wichtige Rolle spielt. Auch in östlichen → Kampfkünsten wird der Übende oft aufgefordert, sich auf das H. zu konzentrieren.

Lit.: *Karlfried Graf Dürkheim: Hara. München 1983.*

Heiden Ursprünglich der christliche Begriff für alle Un- (d. h. Anders-)gläubigen. Heute nennen sich aber wieder Gruppen H., die an die Religion Europas vor der Christianisierung anknüpfen wollen. → Wicca.

Hellsehen Eine Form der → außersinnlichen Wahrnehmung. Ein Hellseher weiß Sachverhalte, die er nicht auf dem Weg der normalen Wahrnehmung in Erfahrung gebracht und die ihm niemand mitgeteilt hat. Die Wahrnehmung kann dabei individuell sehr verschieden sein, von der klaren → Vision bis zum abstrakten, aber deutlichen Wissen. Liegt das Gewußte in der Zukunft, so spricht man von → Präkognition, in der Vergangenheit von → Retrokognition. Kann ein Hellseher etwas über eine Person sagen, indem er einen Gegenstand berührt, den diese getragen hat, heißt das → Psychometrie.

In der → Parapsychologie ist viel darüber diskutiert worden, ob es sich bei einer augenscheinlich hellsichtigen Leistung *wirklich* um H. handelt – oder nur um das Anzapfen des Bewußtseins einer Person, die den Sachverhalt kennt, also um → Telepathie. In der Praxis muten solche Unterscheidungen recht akademisch an, da → Sensitive ohnehin meist zu mehr als nur einer Form der außersinnlichen Wahrnehmung imstande sind. Vielen Menschen scheint die Fähigkeit zum Hellsehen „in die Wiege gelegt" zu sein; sie ist allerdings bis zu einem gewissen Grad trainierbar.

Manche Hellseher benutzen Hilfsmittel, um ihre Vision klarer vor Augen zu haben. Deren bekanntestes ist sicher die notorische → Kristallkugel. Aber auch Spiegel wurden früher oft verwendet; daher kommt das „Spieglein, Spieglein an der Wand"-Motiv.

Lit.: Walter E. Butler: Hellsehen. Basel 1982.

Hemisphäre *griech.;* Halbkugel. Gemeint sind in unserem Zusammenhang meist die beiden Hälften des menschlichen Gehirns. Die moderne Gehirnforschung hat zeigen können, daß die Gehirnhälften bei verschiedenen Aufgaben verschieden aktiv sind: die linke H. mehr bei sprachlichen, linear-logischen Operationen, die rechte bei Aufgaben, die räumliches Denken, Gestaltwahrnehmung und intuitive Synthese erfordern. Aus der Vereinfachung dieser Ergebnisse hat sich eine regelrechte Hirnhälften-Folklore entwickelt. Der Gegensatz wird überbetont, wobei manche Autoren deutlich Partei ergreifen: rechts die gute, intuitive, musische, weibliche, → holistische H., links die böse, rationale, kalte, männliche, deren Dominanz uns sämtliche Zivilisationsprobleme eingebrockt hat.

Das spricht Leute an, die gerne in Gegensätzen denken; tatsächlich sind die H. n im unverletzten Gehirn keine getrennt operierenden Einheiten. Über das *corpus callosum*, den sog. Balken, stehen sie in einem ständigen regen Austausch, so daß sich ihre Operationen nicht so einfach auseinanderdividieren lassen.

Allerdings führen Ruhe, Versenkung und Trance zu einer *Synchronisation* der beiden H. n. Dies läßt sich etwa bei → Meditierenden nachweisen. Techniken, die diese Synchronisation fördern (z. B. → Hemi-Sync), machen es leichter, einen meditativen Zustand zu erreichen.

Lit.: Robert Ornstein: Die Psychologie des Bewußtseins. Köln 1974.

Hemi-Sync Abkürzung für *hemisphere synchronization*. Ein vom Amerikaner Robert Monroe entwickeltes Verfahren, das am besten als akustische → Meditation bezeichnet werden könnte. Dabei werden dem Meditierenden über Kopfhörer akustische Signale eingespielt, deren rechte und linke Tonhöhe sich geringfügig unterscheiden. Das Ohr kann diese Töne nicht als verschieden wahrnehmen; sie führen zu einer weitgehenden Angleichung der Aktivitäten der beiden Hirnhälften, was sich subjektiv als Gefühl der Entspannung und Versenkung manifestiert. Monroe hat diese Methode ursprünglich entwickelt, um das Auftreten von → außerkörperlichen Erfahrungen zu erleichtern, wobei er ausgiebig von Informationen Gebrauch machte, die er auf eigenen Exkursionen dieser Art gesammelt hatte.

H. Casetten werden heute oft in Verbindung mit → Mind Machines eingesetzt.

Lit.: Robert A. Monroe: Der zweite Körper. München 1989.

Hermetik Spirituelle Tradition, auf die sich die europäische Esoterik seit der griechischen Antike bezieht. Kern der H. ist das → vertikale Denken, das Denken in Analogien. Sie postuliert ein kompliziertes System von Beziehungen zwischen den verschiedenen Phänomenen der Welt, wobei die Einteilungen in → Elemente und → Planeten als die wichtigsten gelten.

Ihre praktische Umsetzung findet die H. in der → Astrologie, der → Alchemie und → Magie.

Als Urheber und Namensgeber der H. galt früher der Gott Hermes, manchmal auch *Hermes Trismegistos* genannt, der „dreimal größte" Hermes.

Lit.: Mircea Eliade: Geschichte der religiösen Ideen, Bd. II. Freiburg 1987.

Hexe In allen Kulturen spielte der Glaube an → Magie einst eine gewichtige Rolle – und damit auch die Furcht vor bösem Zauber. Die H. als Schadenszauberin, die mit den Mächten des Bösen und der Nacht im Bunde steht, ist eine universelle Figur; auch die europäische Tradition hatte seit jeher sehr genaue Vorstellungen von ihr.

Doch erst die christliche Kirche erklärte H. n zu „Anbetern des Teufels". Damit war für sie der Weg frei, mit ihnen ebenso zu verfahren wie zuvor schon mit den Ketzern der → Gnosis.

Durch Rückbesinnung auf vorchristliche Religionen und durch feministische Impulse ist nun in jüngster Zeit eine Art Gegenmythos geschaffen worden: Demnach waren H. n *immer* weise Frauen, Priesterinnen der alten Mutterreligionen, wohltätig und heilkundig; sie wurden von den patriarchalen Priestern umgebracht, weil sie Frauen und Vertreterinnen des Matriarchats waren.

Die historische Realität ist entschieden weniger übersichtlich. Die Verfolgung traf die verschiedensten Personengruppen: Anhänger alter Kulte, Heilkundige, Volksmagier, Sekten und Häretiker (unter denen vielleicht tatsächlich einige Teufelsanbeter waren, → Satanismus), schließlich jeden, der erfolgreich denunziert werden konnte. Es wurden Frauen, Kinder, Greise und viele Männer als H. n verbrannt. Auch kam es zu den schlimmsten Verfolgungen nicht im Mittelalter, wie vielfach behauptet wird, sondern zu Beginn der Neuzeit, und zwar in den damals fortschrittlichsten Gegenden Europas.

Bemühungen, das H. n-Wesen wieder zu beleben, finden heute einigen Zulauf, besonders von Frauen, die sich um eine spezifisch weibliche Spiritualität bemühen. Ob sie damit wirklich „die alte Religion der Göttin" praktizieren, ist eine offene Frage. Es fällt jedenfalls auf, daß die Rituale starke Parallelen zu denen mancher → Sufi-Orden aufweisen. Deren Einfluß drang aber erst über das maurisch besetzte Spanien nach Europa vor. → Wicca.

Lit.: Hans Biedermann: Hexen. Graz 1974.
Idries Shah: Die Sufis. Köln 1981.

Höheres Selbst Jener Teil des → Selbst, der umfassender und dem Geistigen näher ist als der kleine Teil unserer Person, mit dem wir uns für gewöhnlich identifizieren. Strenggenommen sind wir ein Teil unseres H. S. (weshalb manche es auch lieber „Ganzes Selbst" nennen). Oft wird über das H. S. aber geredet wie über eine getrennte Wesenheit, etwa einen → Geistführer oder Schutzengel. In der → Huna-Magie gibt es sogar die „Große Gesellschaft der Hohen Selbste", eine Art Vollversammlung.

„Kontakt mit dem H. S. aufzunehmen", empfehlen Esoteriker bei jeder anstehenden Frage.

Hokuspokus Populäre Verballhornung der durchaus frommen Formel „Hoc est corpus meum" – dieses ist mein Leib.

Holismus → Ganzheitliche Betrachtungsweise, wie sie für das → New Age bezeichnend sein soll. Vertreter des H. bemühen sich, Phänomene nicht aus ihrem natürlichen Kontext zu lösen und nicht durch Analyse den Blick für das Wesentliche zu verlieren, wie es ihrer Meinung nach die moderne Wissenschaft so oft tut. „Man kann das Wesen einer Kathedrale nicht erfassen, indem man ihre Bausteine analysiert" (Arthur Koestler).

Dieser Ansatz verlangt allerdings erheblich mehr geistige Anstrengungen als das übliche Spezialistentum. Autoren, die damit überfordert sind, benutzen den H. leider gern als Freibrief für ungenaues Denken, was den Begriff H. ein wenig in Mißkredit gebracht hat.

Lit.: Gregory Bateson: Geist und Natur. Frankfurt 1982.

Hologramm Eine spezielle Art von Photographie, die sich heute auf vielen Ausweisen und Scheckkarten findet, um sie fälschungssicher zu machen. Kaum ein Besitzer eines ec-Beethovens ahnt aber, daß er damit möglicherweise den Schlüssel zum Verständnis des Universums in Händen hält.

Moderne H. e arbeiten mit Tageslicht, ihr Funktionsprinzip läßt sich aber besser anhand des ursprünglichen Verfahrens erklären: Ein Objekt wird durch einen halbdurchlässigen Spiegel mit Laserlicht bestrahlt. Ein Teil des Lichts wird vom Objekt reflektiert und auf einer photographischen Platte festgehalten. Gleichzeitig gelangt die andere Hälfte des Lichtstrahls über den Spiegel direkt auf die Platte.

Dort findet nun eine Interferenz statt, d. h. eine Überlagerung der Schwingungsmuster von beiden Lichtanteilen. Bei Tageslicht sieht das Ergebnis wie eine Platte mit Schlieren aus. Bestrahlt man es aber wieder mit Laserlicht, so baut sich auf wundersame Weise ein Bild des Objekts auf, das optische Eigenschaften einer räumlichen Struktur zeigt. Es hängt dreidimensional in der Luft, und seine Perspektive ändert sich naturgetreu, wenn man den Standort verändert.

Das Erstaunlichste ist nun, daß man nicht einzelne Teile des Objekts einzelnen Teilen der Platte zuordnen kann. Die gesamte Bildinformation steckt im gesamten Wellenmuster, und dieses ist über die ganze Fläche des H. s verteilt. Es hat z. B. keinen Sinn, ein holographisches Hochzeitsphoto nach der Scheidung in der Mitte durchzuschneiden; alle Information ist überall. Bricht man ein H. in Stücke, so ergibt jedes Stück unter Laserlicht das ganze Bild.

Es gibt H. e, die mehr als ein Bild enthalten; man kann die Bilder einzeln erscheinen lassen, wenn man sie mit Licht einer bestimmten Wellenlänge bestrahlt. Auch hier ist aber ein einziges Wellenmuster auf der ganzen Fläche.

Beim Herstellen eines H. s wird also die räumliche Ordnung des Objekts, in der einzelne Teile voneinander entfernt und getrennt sind, *in eine nicht-räumliche Ordnung übergeführt*. Dort hängt alles mit allem zusammen; es entsteht aber kein Mischmasch, sondern eine Struktur, die ebenso klar organisiert ist wie das Objekt selbst.

Allen → paranormalen Geschehnissen ist gemeinsam, daß dabei eine Verbindung zwischen Dingen hergestellt wird, die nach unserem Verständnis nicht in einem Zusammenhang stehen. Bei → Telepathie fühlt man, wie es einem nicht Anwesenden ergeht; ein → Hellseher weiß Tatsachen, die er nicht erfahren hat; in der → Psychokinese bewegt sich ein Gegenstand, den niemand anfaßt etc. Wäre unsere Vorstellung vom Aufbau der Welt korrekt und vollständig, müßten diese Vorgänge unmöglich sein. Das eben macht sie zu „Anomalien" oder → Wundern.

Mit dem H. haben wir nun plötzlich ein Modell für

eine Ordnung, die etwas Derartiges möglich machen würde. Grob skizziert würde die Theorie so aussehen: 1. Das gesamte Universum ist holographisch organisiert. 2. Aus dem (unvorstellbar komplexen) Muster „entfalten" oder bauen wir unsere bekannte, räumliche und zeitliche Realität. 3. Es können aber noch sehr viele andere Realitäten daraus entwickelt werden, die man nun → Ebenen oder „parallele Universen" oder wie auch immer nennen kann. Die Welt, wie wir sie kennen, wäre dann nur das Ergebnis *einer* Lesart des H. s, und sie ändert sich schon bei einer Veränderung unseres Bewußtseinszustandes.

Paranormale Leistungen entstünden dann durch den Zugriff auf *Informationen, die einem für gewöhnlich nicht verfügbar sind, die das Gesamt-H. aber enthält.* Wenn man also z. B. im → außerkörperlichen Zustand in Gedankenschnelle von München nach Buenos Aires gelangt, so hätte man auf einen anderen „Welt-Konstruktions-Modus" umgeschaltet, der mit der räumlichen Organisation der Dinge anders umgeht. Ähnliches würde bei allen Formen der „unerklärlichen" Fernwirkung geschehen.

4. Sofern auch Zeitpunkte, die uns getrennt erscheinen – vergangene, gegenwärtige, zukünftige –, holographisch zusammenhängen, so wäre das Überspringen der Zeit zu verstehen, wie es bei der → Prä- oder → Retrokognition auftritt.

Die Implikationen des holographischen Modells wurden am deutlichsten vom Physiker David Bohm und dem Psychologen Karl Pribram ausformuliert. Naturwissenschaftler diskutieren ernsthaft darüber, die esoterische Gemeinschaft hat die Theorie in den allgemeinen Meinungs-Fundus aufgenommen. Viele Leute führen hier das H. im Munde, aber nur wenige machen sich die Mühe, es genauer zu verstehen. So wird es oft zum bequemen Kürzel für die Aussage „alles hängt irgendwie mit allem zusammen".

Lit.: *David Bohm: Die implizite Ordnung. München 1985.*
Ken Wilber (Hrsg.): Das holographische Weltbild. München 1990.

Homöopathie *griech.: homoios;* ähnlich, und *pathos;* Krankheit. Von dem deutschen Arzt Samuel Hahnemann (1755–1843) entwickeltes Heilverfahren. Hahnemann kam auf die geniale Idee, Kranke mit jenem Mittel zu behandeln, das bei Gesunden genau die gleichen Symptome auslösen würde wie die, die der Kranke hat. Das immer wieder zitierte Prinzip dazu heißt „similia similibus curantur", Gleiches wird durch Gleiches geheilt.

Was die H. in unserem Zusammenhang interessant macht, ist die Verabreichung der Mittel „in homöopathischen Dosen": das Heilmittel wird verdünnt und „verschüttelt", dann wird mit einem Teil dieser Lösung eine weitere Verdünnung hergestellt und verschüttelt, und so weiter – auf diese Weise entstehen die sog. Potenzen. Bei hohen Potenzen sind nur noch wenige Moleküle der Grundsubstanz vorhanden, was für die Schulmedizin beweist, daß es sich bei der H. nur um Scharlatanerie handeln kann.

Das erscheint logisch. Das einzige, was dazu nicht paßt, ist die nachweisliche Wirkung homöopathischer Mittel – und zwar nicht nur bei Menschen, die daran glauben, sondern auch bei kleinen Kindern und Tieren. Die H. behauptet auch gar nicht, auf chemischem Wege zu wirken wie normale Medikamente, sondern auf *phy-*

sikalischem. Beim Verschütteln der Lösung werde das energetische Muster (→ Energie) der Grundsubstanz übertragen, und dies sei die Ursache für den Heileffekt. Wie das genau vor sich geht, läßt sich mit den Mitteln der herkömmlichen Wissenschaft (noch) nicht beschreiben, also akzeptiert die Schulmedizin diese Theorie nicht. Sie selbst hat allerdings *überhaupt keine Erklärung* vorzuweisen. → Wunder, → Esoterik und Wissenschaft.

Lit.:　*Kurt von Illing (Hrsg.): Homöopathie für Anfänger. Heidelberg 1986.*

Horoskop Ein kreisförmiges Diagramm, auf dem der Stand bestimmter Himmelskörper (→ Planeten) zu einem bestimmten Zeitpunkt an einem bestimmten Ort festgehalten wird. H.e werden sehr oft für den Zeitpunkt der Geburt erstellt. Die Berechnung eines H.s erfordert nur die Anwendung astronomischer Gesetzmäßigkeiten, ihre Interpretation hingegen genaue Kenntnisse der → Astrologie.

Human Potential Movement *engl.;* Bewegung zur Erschließung des menschlichen Potentials, heute „Humanistische Psychologie". Bewegung, die in den USA in den siebziger Jahren um sich griff. Als ihr geistiger Vater gilt der Psychologe Abraham Maslow (1908–1970). Maslow kritisierte an der herkömmlichen Psychologie, daß sie sich zu stark mit psychischen Störungen befasse und dabei das Potential des Menschen für Gesundheit, Erfüllung und Selbstverwirklichung vernachlässige. Seine Gedanken fanden starke Resonanz, sie führten zur Entwicklung von neuen Formen der Therapie und zur Gründung von Zentren für Selbsterfahrung, unter ihnen das berühmte „Esalen-Institut" bei Big Sur in Kalifornien. Obwohl das H.P.M. hauptsächlich psychologisch arbeitete, hat es doch den heutigen esoterischen Boom wesentlich vorbereitet. Indem es die ständige Weiterentwicklung betonte, wies es so etwas wie einen säkularisierten Weg der Einweihung, der für Menschen unseres Kulturkreises leichter zu begehen war. Auch zeigte sich das H.P.M. von Anfang an sehr offen für den Einfluß östlicher Religionen. Die Einrichtung des → Workshops hat sich im Zuge des H.P.M. entwickelt.

Lit.: *Abraham Maslow: Die Psychologie des Seins. München 1973.*
William Schutz: Freude. Reinbek 1971.

Huna „Kahunas" hießen die traditionellen Priester und Magier Hawaiis. Der Engländer Max F. Long meint, durch Sprachstudien ihre geheime Lehre entschlüsselt zu haben, ohne selbst von einem Kahuna eingeweiht worden zu sein. Das Ergebnis seiner Bemühungen wird heute unter dem Namen H. oder H.-→ Magie unterrichtet und findet einigen Anklang.
Lit.: *Max F. Long: Kahuna-Magie. Freiburg 1982.*

I

I Ging Das „Buch der Wandlungen", ein mindestens drei Jahrtausende altes chinesisches Weisheitsbuch. Als Anleitung für → Orakel entstanden, wurde es später zu einer umfassenden philosophischen Lehre weiterentwickelt. Im Westen wird es aber fast nur als Weissagungsbuch benutzt.

Am häufigsten wird dabei ein Bündel von 50 Schafgarbenstengel geworfen und daraus eine Figur aus sechs Strichen ermittelt, das sog. Hexagramm. Die Striche können entweder durchgezogen oder unterbrochen sein, womit sich 64 mögliche Kombinationen ergeben. Jedes Hexagramm wird als eine bestimmte Konstellation der Urkräfte → Yin und Yang aufgefaßt, woraus sich auch seine Deutung ergibt. (Statt der Stengel können auch Münzen geworfen werden, was erheblich bequemer ist.)

Das I. G. sagt nicht nur, wie die meisten Orakelmethoden, eine bestimmte „Wandlung" für die Zukunft voraus, es zeigt dem Ratsuchenden auch, wie er sich angesichts dieser Entwicklung richtig verhalten soll.

Lit.: I Ging, übersetzt von Richard Wilhelm. München 1973.

Illuminatio praecox *lat.;* Vorzeitige Erleuchtung. Scherzhafte Wortneuschöpfung des chilenischen Biologen Francisco Varela, die ein in der esoterischen Szene verbreitetes Phänomen beschreibt. Der unter I. p. Leidende vermeint, die Erleuchtung bereits erlangt zu haben, befindet sich damit aber im Irrtum. Man erkennt ihn daran, daß er ständig Antworten gibt, ohne gefragt worden zu sein. Er hat alle Rätsel der Existenz entschlüsselt, der Sinn des Lebens eröffnet sich ihm mühelos; wirft man einen genaueren Blick auf seine Bücherregale, so weiß man auch, warum.

I. p.-Patienten finden oft mit großem Geschick ihr Publikum. Das kann so weit gehen, daß sie als Bestseller-Autor enden.

Imagination Die gängige Übersetzung lautet „Einbildung", womit meist eine gewisse Geringschätzung verbunden ist. Etwas „nur Eingebildetes" betrachten wir als irreal und belanglos. Nach esoterischem Verständnis ist die I. aber eine äußerst wichtige Funktion der menschlichen Seele. Denn durch sie werden → astrale Strukturen gebildet, die ihre Wirkung sowohl auf der geistigen wie auf der materiellen Ebene entfalten. In magischen Schulungen nimmt das Training der I. viel Platz ein; je klarer, detaillierter und stabiler das imaginierte Bild ist, desto größer wird seine Wirksamkeit sein. Manche moderne Formen der Psychotherapie haben an diese Methoden wieder angeknüpft, z. B. die „Psychosynthese" von Roberto Assagioli oder die „Aktive Imagination" nach C. G. → Jung. Der Gedanke, daß man ein Ziel um so besser erreicht, je genauer und intensiver man es imaginiert, taucht heute in vielen Selbsthilfebüchern auf. → Magie, → Positives Denken, → Silva Mind Control.
Lit.:   *Piero Ferrucci: Werde was du bist. Basel 1984.*

Initiation   → Einweihung.

Inkarnation Die Zeit, die eine Seele in Verbindung mit einem bestimmten Körper zubringt. Der Volksmund nennt das „Leben". I. kann aber auch den *Vorgang* der Verbindung von Körper und Seele bezeichnen. Auch das Verb „inkarnieren" ist unter Esoterikern verbreitet. → Reinkarnation.

Inspiration *lat.: spirare;* atmen. Eingebung. Ein Alltagswort, das noch deutlich auf Konzepte verweist, die man heute als „spiritistisch" bezeichnen würde. Es drückt die Annahme aus, daß ein Einfall oder eine kreative Anregung nicht aus einem selbst stammt, sondern „eingehaucht" wird. Die Frage ist dann immer, von wem. → Spiritismus, → Channeling.

Intuition Steht im spirituellen Wertekatalog ganz oben. Die Entwicklung der intuitiven Fähigkeiten ist Ziel vieler Lehrveranstaltungen.

Der Begriff der I. ist eines der letzten Schlupflöcher, welche die Alltagssprache für Dinge bereit hält, die bei genauerer Prüfung → paranormal, unerklärlich und also beunruhigend wären. So scheinen z. B. die zutreffenden Voraussagen eines Wahrsagers weniger Rätsel aufzuwerfen, wenn man sie als das Ergebnis einer „stark ausgeprägten I." auffaßt.

Invokation Die Anrufung eines → Geistes oder einer Gottheit in einem → Ritual. → Magie.

J

Jenseits Räumliche Metapher für einen Zustand, nämlich den der Seele ohne Körper. Ins J. gehen die Verstorbenen; „von drüben" kommen „Botschaften", wenn es einem gelungen ist, einen „J.-Kontakt" herzustellen. Visionäre, → Astralreisende und Menschen, die eine → Nahtod-Erfahrung durchmachen, werfen einen kurzen Blick ins J., um dann (zunächst) wieder zurückzukehren. Längere Berichte darüber, „wie die

Toten leben", liegen in großer Zahl vor, insbesondere aus → medialen Kontakten, in denen ein Verstorbener schildert, wie es ihm jetzt ergeht. Obwohl höchst subjektiv, stimmen diese Erzählungen in den Grundzügen erstaunlich stark miteinander überein, so daß sich ein allgemeines Bild des J. ergibt:

Demnach kann das J. ein interessanter, abwechslungsreicher „Ort" sein. Es scheint dort so ziemlich alles zu geben, was auch im Diesseits vorhanden ist, nur um das physische Überleben braucht sich verständlicherweise niemand Gedanken zu machen. Die Seelen bewohnen Häuser, sie arbeiten, tauschen Gedanken aus, lernen und entwickeln sich weiter, wobei ihnen weisere Seelen helfen. Je weiter die Seele auf ihrem Weg fortschreitet, desto schwerer fällt es ihr, die Verbindung mit dem Medium aufrechtzuerhalten. Deswegen ist über die höheren Stufen wenig bekannt.

Manche J.-Schilderungen erinnern ans Paradies, aber beileibe nicht alle. Der Zustand der Seele bestimmt ihre „Lebensumstände" im J. Scheidet also ein Mensch problembeladen oder von heftigen Emotionen beherrscht aus dem Leben, so erwartet ihn drüben „mehr desselben". Deswegen ist Selbstmord aus der J.-Perspektive nicht nur keine Lösung, sondern eine Dummheit, denn er macht alles nur noch schlimmer. Ein weiteres Problem sind die → erdgebundenen Seelen, die nicht von der Sphäre der → Inkarnierten lassen wollen und sich oft nicht einmal darüber im klaren sind, daß sie tot sind. Manche → Spiritisten kümmern sich intensiv um solche „verlorenen" Seelen und versuchen, sie aus ihrer festgefahrenen Situation zu erlösen.

Diese Vorstellung vom J. wird in esoterischen Kreisen allgemein akzeptiert. Uneinigkeit herrscht darüber, ob es dem eigenen Fortkommen und dem der Verstorbenen zuträglich ist, J.-Kontakte zu pflegen. Manche sind der Ansicht, daß man sich nur um diejenige Sphäre kümmern sollte, in der man sich gerade aufhält.

Bei etwas gründlicherer Anwendung esoterischen Denkens wird die scharfe Trennung von J. und Diesseits fragwürdig: Das J., wie es auf medialem Wege beschrieben wird, ist weitgehend identisch mit der → astralen Ebene. Da astrale Vorgänge aber einen Großteil des menschlichen Seelenlebens ausmachen, könnte man ebensogut sagen, daß wir schon jetzt zum Teil im J. leben. → Leben nach dem Tode.

Lit.:   *Arthur Ford: Bericht vom Leben nach dem Tode. München 1972.*
       T. E. Lawrence: Tagebuch von drüben. Interlaken 1989.

Jugendliche und Okkultismus Ein großer Teil der deutschen Jugendlichen hat schon einmal okkulte Praktiken ausprobiert. (Die Zahlen schwanken von 10 bis 50 Prozent.) Besonders beliebt sind → Gläserrücken, → Pendeln, Befragen von → Orakeln. Eine Minderheit engagiert sich in Satanszirkeln und feiert Schwarze Messen (→ Satanismus).

In der Öffentlichkeit wird all dies verständlicherweise mit dem „Esoterik-Boom" in Verbindung gebracht. Allerdings beschäftigen sich viele J., die an okkulten Aktivitäten teilnehmen, darüber hinaus kaum mit Esoterik. Das verrät der atemberaubende Dilettantismus, mit dem die meisten vorgehen. Okkultisten haben aufgrund ihrer Erfahrungen Regeln und Vorsichtsmaßnahmen entwickelt (→ Magie, → psychische Selbstverteidigung), die aber zu kaum einem Jugendlichen durchgedrungen sind; ihr Wissen besteht gewöhnlich aus ein paar angelesenen Brocken und mündlich überlieferter Folklore. Kommt es dann zu psychischen Beeinträchtigungen, so gelten die Opfer dieser Ahnungslosigkeit als Beweis für die Gefährlichkeit des Okkultismus.

Zu den häufigsten Fehlern zählen: Unklarheit über die eigene Motivation, fehlendes Wissen über die Phänomene, lückenhafte oder falsche Techniken, mangelnde Kenntnis von Gefahren. Die größte Gefahrenquelle: psychische Labilität und persönliche Probleme. Mögliche Folgen: Abhängigkeit von „Botschaften", Angstzustände, manchmal sogar → Besessenheit.

Für Esoteriker liegt das Problem darin, daß J. auf eigene Faust eine Praxis wieder aufleben lassen wollen, bei der man gerade in jungen Jahren besonders viel Anleitung braucht. Gegner der Esoterik sehen das anders: Für sie ist „der Okkultismus" das Problem, und zwar in jeder Spielart. Meditieren, Kartenlegen, das Abbrennen von Räucherstäbchen, das Lesen esoterischer Schriften: all dies führe unsere Jugend offensichtlich ins Verderben.

Die Sorge um die J. scheint viele Menschen auf den Plan zu rufen, die einen solchen Abscheu gegen den Okkultismus haben, daß sie sich nicht einmal über ihn informieren können. Das nimmt ihren warnenden Stimmen viel von der Wirkung; J. merken sofort, wenn jemand noch weniger von der Sache versteht als sie selbst – und lassen sich dann erst recht nichts sagen.

Sachkundige Berater wiederum sind nach herrschendem Verständnis verdächtig (woher weiß der das alles?); dabei wären sie die einzigen, die mehr können, als nur den Zeigefinger zu heben. Gerade bei dem außerordentlich schwierigen Problem der schwarzen → Magie und des → Satanismus, bei denen Aggressivität zu den wichtigsten Motiven zählt, kommt man mit Verurteilen allein überhaupt nicht weiter. Hier könnten, wenn überhaupt, nur differenzierte Argumente helfen, warum solche Aktivitäten auch *aus okkulter Sicht* grober Unfug sind.

Einige wenige Helfer gehen in Deutschland erklärtermaßen nach esoterischen Prinzipien vor. Sie sind hoffnungslos überlastet.

Lit.:   *Harald Wiesendanger: Die Jagd nach Psi. Freiburg 1989.*

Jung Carl Gustav. Schweizer Psychiater (1875–1961), der mit seinem Werk der heutigen Renaissance der Esoterik den Weg geebnet hat. J. war in seiner Jugend von der Psychoanalyse Sigmund Freuds beeinflußt, kritisierte aber bald deren eingeengte Sichtweise. Während Freud sich hauptsächlich auf das menschliche Triebgeschehen und dessen Störungen konzentrierte, wollte J. auch die religiösen Motive, den menschlichen Drang nach Weiterentwicklung und Vervollkommnung berücksichtigen.

J. sah im Unbewußten nicht nur ein Sammelbecken für verdrängte Triebregungen, sondern auch ein Reservoir für Weisheit und intuitive Einsichten. Dabei nahm er neben dem persönlichen Unbewußten noch einen weiteren Bereich an, zu dem alle Menschen Zugang haben, das „kollektive Unbewußte". Zu diesem Schluß hatte ihn besonders das Studium von → Mythen gebracht, in denen die gleichen Bilder und Motive (von J. → Archetypen genannt) immer wieder auftauchen.

Als Sohn eines Pfarrers war J. mit religiösen Fragen wohlvertraut, er beschäftigte sich eingehend mit → Hermetik und → Alchemie und hatte sein Leben lang immer wieder paranormale Erlebnisse. All dies trug ihm von seiten der „orthodoxen" Psychoanalytiker die Bezeichnung „Mystiker" ein, was in diesen Kreisen ein Schimpfwort ist.

Heutige Esoteriker berufen sich gerne auf J., obwohl er für sie doch eher ein Vorreiter war. Dadurch, daß er als „okkult" verschriene Gedanken in eine psychologische Form brachte, hat er es vielen Menschen leichter gemacht, sich überhaupt mit ihnen zu beschäftigen. Das gleiche Vorgehen kann man allerdings auch dazu benutzen, Tatsachen, die das eigene Weltbild gefährden, „wegzupsychologisieren" – keine Angst, die Phänomene sind in Wirklichkeit „innen". J. selbst hat das etwa am Beispiel der → UFOs vorexerziert, und heutige „Jungianer" beherrschen dieses Manöver bis zur Perfektion.

Lit.: C.G. Jung: Erinnerungen, Träume, Gedanken. Olten 1971.

K

Kabbala *hebr.;* Überlieferung. Die esoterische Tradition des Judentums, die lange Zeit nur mündlich überliefert und erst ab dem 7. Jh. in Spanien und Südfrankreich schriftlich festgehalten wurde. Kernstück der Lehre stellt die Annahme von zehn „Sephiroth" dar (Einzahl „Sephira"). Darunter versteht die K. Grundprinzipien, über die sich das form- und namenlose Göttliche in der manifestierten Welt verwirklicht. Sie werden im → Lebensbaum dargestellt, einem Diagramm, das Beziehungen der Sephiroth zueinander verdeutlicht und damit die innere Struktur des Universums wiedergibt. Auf dieser Grundlage ist in der K. ein äußerst detailliertes, vielschichtiges System entwickelt worden, zu dessen Verständnis eine einzige → Inkarnation wahrscheinlich gar nicht ausreicht.

Wer den Aufbau der Welt kennt, kann auch großen Einfluß auf sie ausüben: Dieser Logik folgend hat sich aus der K. eine umfangreiche → magische Praxis entwickelt, so daß das Wort „Kabbalist" gelegentlich zum Synonym für „Magier" wurde. Eine große Rolle spielen dabei die „wahren Namen Gottes" und die Bedeutung der Zahlen. → Gematria.

Die K. hat auf die westliche Esoterik einen nachhaltigen, wenn auch manchmal untergründigen Einfluß ausgeübt. Ihre praktische Seite wurde besonders durch die englische → Magie des 19. Jhs. wieder bekannt, vor allem durch den → Golden Dawn. In der heutigen magischen Literatur fehlt der Lebensbaum jedenfalls selten. Allerdings verkommt er dort oft zum bloßen Trainingsmanual für magische Operationen.

Lit.: Gershom Scholem: Die jüdische Mystik in ihren Hauptströmungen. Frankfurt 1980.
Dion Fortune: Die mystische Kabbala. Freiburg 1990.

Kampfkünste Es erscheint zunächst überraschend, daß nicht wenige der sonst so sanften Esoteriker die eine oder andere traditionelle Form des Kampfes üben. An Nutzanwendung im täglichen Lebenskampf denken die Übenden dabei kaum, die K. werden mehr als Mittel zur Schulung der Konzentration und zur Harmonisierung von Körper und Geist betrachtet. Was fasziniert, ist also nicht die Fähigkeit, unter Umständen Gewalt auszuüben, sondern die psychischen *Voraussetzungen*, die der (ritualisierte) Zweikampf in den K. erfordert. → Aikido, → Capuera.

Karma *Sanskrit;* wirken, tun. Die Auswirkung von Handlungen in einer früheren → Inkarnation auf eine spätere. Das Konzept wird manchmal mit einem stark moralisierenden Unterton versehen: Wer durch böse Taten „schlechtes K." angesammelt hat, wird im späteren Leben durch ein hartes Schicksal bestraft.

Erfahrungen aus der → Reinkarnationstherapie scheinen das Konzept des K. teilweise zu bestätigen. → Rückführungen ein und derselben Person in viele frühere Leben ergeben, daß diese sich oft an Inkarnationen unter extrem verschiedenen Bedingungen erinnert und dabei selbst das Gefühl hat, daß dabei ein gewisser Ausgleich stattfindet: Wann immer die Seele in einem Leben eine Seite einer → Polarität sehr stark ausgelebt hat, wird sie sich in einem späteren am entgegengesetzten Pol wiederfinden. (Der Tyrann wird Sklave, der Bettler steinreich etc.) Man muß hier aber nicht an eine kosmische Bestrafungs- oder Belohnungsinstanz denken. Es genügt die Annahme, daß die Seele auf ihrem Weg durch die Inkarnationen möglichst alle Aspekte eines Themas erfahren möchte.

Im → esoterischen Jargon wird K. oft gleichbedeutend mit „Schicksal" verwendet. „Das ist eben dein K." Oder wie der Wiener sagt: „Da karma halt nix machen." → Reinkarnation.

Ki Japanische Bezeichnung für kosmische oder universelle Lebensenergie. Taucht z. B. im Wort → Ai-ki-do auf. Hier, wie in anderen östlichen → Kampfkünsten, gilt der richtige Umgang mit K. als ebenso wichtig wie die richtigen Bewegungen. Viele Geschichten erzählen von alten Meistern, die auf diese Weise weit stärkere Gegner bezwangen.

Kirlian-Photographie Von dem sowjetischen Ingenieur Semjon Kirlian zwischen 1939 und 1958 entwikkeltes photographisches Verfahren, das dem Nachweis von biologischen → Energiefeldern dienen soll. In der K.-P. wird der Aufnahmegegenstand – sehr oft eine menschliche Hand – zwischen eine Quelle von Hochfrequenzströmen und einen Film gebracht. Nach Entwicklung des Films zeigen sich dann Strahlenkränze um die Finger, die stark an die Schilderungen der → Aura erinnern. Die verbreitete Annahme, K.-P. liefere „Photos der Aura-Strahlung", trifft aber nicht zu, denn es handelt sich hier ja um das Ergebnis der *Wechselwirkung* zwischen dem organischen und dem künstlich erzeugten Feld. Interessant ist jedenfalls, daß sich die Strahlenkränze auf den Bildern in systematischer Weise mit dem seelischen und gesundheitlichen Zustand von Menschen verändern. Der deutsche Heilpraktiker Peter Mandel nutzt diesen Zusammenhang für ein Diagnoseverfahren („Energetische-Terminalpunkt-Diagnose"), bei dem sich Parallelen zur chinesischen → Akupunktur zeigen.

Lit.: Willi Franz: Handbuch der Kirlian-Fotografie. Stuttgart 1987.

Klartraum Ein Traum, bei dem einem klar wird, daß man träumt; oft auch „luzider" Traum genannt. Das Bewußtsein des eigenen Zustandes hat erstaunliche Folgen: Man kann die Traumrealität bewußt kontrollieren und auf eine durchaus psychologische Weise über die Bedeutung des Geschehens nachdenken; außerdem ist ein K. sehr intensiv und manchmal fast „realer" als die Tageswirklichkeit. Manche Psychotherapeuten bieten Kurse zum Erlernen von Klarträumen an. Magische

Schulen machen das schon lange. Sie wollen auf diese Weise die Handlungsfähigkeit des Schülers in der → astralen Realität stärken. Auch bei Carlos → Castaneda wird diese Methode beschrieben.

Lit.: Patricia Garfield: Kreativ Träumen. München 1986.

Koan Im → Zen-Buddhismus ein scheinbar absurdes oder paradoxes Rätsel, über das der Schüler lange Zeit meditieren muß. Dadurch soll er dazu gebracht werden, das logische Denken zu → transzendieren. Immer wieder zitiertes Beispiel: „Wie hört sich das Klatschen der einen Hand an?" (P.S.: Der Autor hat die Frage endgültig geklärt. Anfragen bitte über den Verlag.)

Kornkreise Kreisförmige flache Stellen in Getreidefeldern, die in den letzten Jahren besonders in England über Nacht auftauchen und einige Rätsel aufgeben: Die Halme in den K.n sind nicht geknickt, wie wenn sie niedergetrampelt worden wären, sie wachsen nur im rechten Winkel flach über den Boden. In der Umgebung des K.s finden sich keinerlei Spuren eines möglichen Verursachers.

Die Reaktion der Wissenschaft folgte zunächst dem bekannten → Skeptiker-Schema – ein Wissenschaftler dachte sich eine Hypothese zur Entstehung aus und erklärte das Problem damit für gelöst. Dabei ist vom Pilzbefall über kreisförmige Wirbelstürme bis zu im Kreis laufenden liebestollen Igeln (!) alles mögliche bemüht worden. Aber immer, wenn eine Hypothese beinahe den Anschein einer gewissen Plausibilität erreicht hatte, tauchten neue Fakten auf, die sie wieder zusammenbrechen ließen. So gibt es inzwischen konzentrische Kreise, Halbkreise, gerade Verbindungslinien und

Rechtecke. Auch treten in den USA und Kanada neuerdings *Baum*kreise auf, bei denen dicke Stämme über Nacht rechtwinkelig über den Boden wachsen.

Da als → UFOs beschriebene Phänomene schon früher Spuren auf der Erde hinterlassen haben, nehmen Ufologen natürlich an, hier würden → Außerirdische mit uns kommunizieren und dabei die paraphysikalischen Fähigkeiten einsetzen, für die sie auch sonst bekannt sind. Handfeste Indizien dafür gibt es bisher nicht. Auch ist es bis Redaktionsschluß des vorliegenden Buches nicht gelungen, die Entstehung eines K.s „in flagranti" zu dokumentieren.

Lit.:   Pat Delgado & Colin Andrews: Kreisrunde Zeichen. Verlag Zweitausendeins.
Ralph Noyes (Hrsg.): Die Kreise im Korn. München 1991.

Kosmologie   Lehre vom Aufbau der Welt.

Kosmos *griech.;*   Ordnung. Eigentlich gleichbedeutend mit Universum, also „alles, was ist". Im → esoterischen Jargon wird aber oft so formuliert, als sei der Mensch und die Welt nicht Teil des K.: etwa wenn vom „Einströmen von Energien aus dem K." gesprochen wird (von dort nach hier) oder ein Mensch „mit dem K. im Einklang ist". „Kosmisch" wird oft im Sinn von „höher" oder → transzendent gebraucht; da der K. weit ist, braucht man das nicht genauer zu definieren.

Krishnamurti Jiddu, (1895–1986). Indischer Weisheitslehrer, der als Knabe einem führenden Mitglied der → Theosophen, Charles Leadbeater, durch seine große → Aura auffiel und daraufhin von ihm adoptiert wurde. Nach dem Willen von Leadbeater und H. → Bla-

vatsky hätte K. die Rolle des Neuen „Weltenlehrers"
und „wiedergeborenen Christus" übernehmen sollen.
Er sagte sich aber von den Theosophen los, entwickelte
seine eigene Lehre und hatte später zahlreiche Anhänger.
Lit.: Jiddu Krishnamurti: Wegweiser zum wahren Leben. Freiburg
1961, u.v.a.

Kristallkugel Obwohl die K. in keiner Karikatur einer
Wahrsagerin fehlen darf, ist sie doch ein ernstzuneh-
mendes Hilfsmittel, um → Visionen zu erleichtern. Vor
einem dunklen Hintergrund stellt sie eine Art Schirm
dar, auf den der → Sensitive seine inneren Bilder zu
projizieren versucht. Die K. selbst „tut" nichts, „ma-
gisch" ist an dem Vorgang – sofern er funktioniert –
höchstens die visionäre Leistung. Ob eine K. wirklich
aus Bergkristall sein muß, oder ob es auch eine gläserne
tut, ist umstritten. → Hellsehen.

Kult Ausübung einer Religion im Rahmen bestimmter
Formen. So wertneutral wird das Wort aber nur noch
selten verwendet. Als K. bezeichnet man meist Formen
der Spiritualität, die man ablehnt oder die einem un-
heimlich sind. Wer einem K. anhängt, fällt sicher durch
merkwürdige Handlungen auf, vollführt bizarre Rituale
und ist möglicherweise sogar Opfer einer → Gehirnwäsche. Wahrscheinlich ist die gesamte Esoterik nur „der
K. ums Übersinnliche".

Kundalini *Sanskrit;* Schlange. Im Yoga die psychische
→ Energie, die beim unerweckten Menschen an der Basis der Wirbelsäule konzentriert ist, wo sie gleichsam
wie eine eingerollte Schlange ruht. Im „K.-Yoga" wird

versucht, diese Energie durch alle → Chakras empor-
steigen zu lassen, was schließlich die → Erleuchtung
bewirkt. Übungen aus dem K.-Yoga sind äußerst wirkungsvoll und daher gefährlich, wenn man sie ohne
kompetenten Lehrer durchführt.

Lit.: Lothar-Rüdiger Lütge: Kundalini. Freiburg 1985.

L

Leben nach dem Tode Faßt man das Seelenleben des
Menschen als Funktion seines Nervensystems auf, so
kann es ein L. nicht geben. Da der Zusammenhang zwischen Nerventätigkeit und psychischem Erleben nachgewiesen ist, schien die Frage lange Zeit wissenschaftlich geklärt.

Es gibt allerdings Vorgänge, die darauf hindeuten,
daß dieser Zusammenhang nicht so eng sein *muß*, wie er
normalerweise ist. Dazu zählen → Nahtod-Erfahrungen: Menschen, die bereits „klinisch tot" waren, dann
aber doch reanimiert wurden, berichten erstaunlich oft
von intensiven Erlebnissen. Da in solchen Fällen nicht
nur Herzschlag und Atmung, sondern auch die Hirnströme aufhören, ist schwer zu erklären, wie psychisches Erleben überhaupt stattfinden konnte. Am beun-
ruhigendsten ist, daß die Reanimierten oft detailliert
über Geschehnisse berichten können, die passierten,
während sie derart leblos waren.

Ein ähnlich rätselhaftes Wahrnehmungsvermögen
tritt bei → außerkörperlichen Erfahrungen auf. Wer sie
macht, hat das Gefühl, an einem anderen Ort zu sein als
sein Körper. Trotzdem denkt und fühlt er, nimmt „dort"
die Dinge korrekt wahr. Obwohl es hier gar nicht um

das Leben *nach* dem Tode geht, werden außerkörperliche Erfahrungen doch als starkes Indiz für *eine unabhängige Existenz der Seele* gewertet.

Diese ist auch notwendig, wenn eine Verbindung zwischen „den Toten" und den Lebenden möglich sein soll. Vorgänge, die immer wieder als eine solche Kommunikation aufgefaßt werden, sind etwa: → Erscheinungen, bei denen ein Verstorbener für Lebende sichtbar wird; Kontakte, die über ein → Medium hergestellt werden (→ Spiritismus); → Besessenheit, die Kontrolle eines Lebenden durch die Seele eines Verstorbenen.

Einen anderen Zugang eröffnet die → Reinkarnationsforschung. Sie sucht nach Belegen dafür, daß ein und dieselbe Seele in immer wieder neuen Körpern lebt, und versucht, frühere Leben zu ergründen.

Einzelfälle auf allen diesen Gebieten beeindrucken zwar oft, können aber immer in Zweifel gezogen werden. Erst die Fülle gleichlautender Berichte aus den verschiedensten Zeiten und Quellen macht es schwer, sie wegzudiskutieren. Hinzu kommen noch große Übereinstimmungen zwischen den Informationen aus einzelnen Bereichen: so schildern etwa Reanimierte, Medien, die die Botschaft eines Verstorbenen übermitteln und Menschen, die sich an ein früheres Leben erinnern, das Erlebnis des Sterbens sehr ähnlich.

Ob all das als Beweis für ein L. gelten kann oder nicht, ist umstritten, schon deshalb, weil noch kein → Skeptiker klar erklärt hat, was denn eigentlich vorliegen müßte, damit er seine Meinung ändert. Wie so oft haben auch hier die Zweifler nichts in der Hand, womit sie ihren eigenen Standpunkt zwingend beweisen können. Der „Gläubige" kann immerhin auf eine große Zahl von Indizien hinweisen – der „Realist" nur

112

auf seine Überzeugung, daß die Indizien nichts beweisen.

Diese Umkehrung der Beweislast ist bei der Streitfrage des L. besonders augenfällig. In jeder anderen Kultur als der westlichen müßte derjenige sehr gute Gründe vorbringen, der behaupten wollte, es gebe *kein* Leben nach dem Tode.

Lit.:   Ian Currie: Niemand stirbt für alle Zeit. München 1979.
Lotte Ingrisch: Reiseführer ins Jenseits. Wien 1980.

Lebensbaum Das zentrale Diagramm der → Kabbala, in dem die zehn Grundkräfte („Sephiroth", Einzahl: „Sephira") der Schöpfung und ihre Beziehung zueinander dargestellt werden. Obwohl mit jedem Sephira eine umfangreiche, geradezu barocke Symbolik verbunden ist, sind die Prinzipien, nach denen der L. aufgebaut ist, doch sehr abstrakt. Die Bedeutung des L. kurz *und* verständlich wiederzugeben, scheint mir ein Ding der Unmöglichkeit. → Magie.

Lit.:   Dion Fortune: Die mystische Kabbala. Freiburg 1990.

Levitation Das unerklärliche Emporschweben eines Gegenstandes oder eines Menschen, scheinbar „gegen die Gesetze der Schwerkraft". Spontane L. scheint durch außergewöhnliche Bewußtseinszustände gefördert zu werden. Menschen, die sich der Entwicklung ihres Bewußtseins besonders widmen, wie etwa → Yogis und → Fakire, sollen denn auch oft die Fähigkeit zur L. besitzen. Es gibt sogar einen katholischen Heiligen, der sich durch nichts als durch seine Fähigkeit zu levitieren auszeichnete: der Heilige Joseph von Copertino, genannt der „fliegende Mönch" (1603–1663).

Tatsächlich werden manche Menschen im Zustand der Tieftrance nachweislich leichter. Das könnte als Vorstufe zur L. betrachtet werden.

Loge Bei den → Freimaurern der Ort, an dem sie zusammenkommen, wie auch die örtliche Vereinigung selbst.

Logik Nach einer weitverbreiteten Überzeugung haben Esoterik und L. nichts miteinander zu tun, ja sind sogar Gegensätze. Bedauerlicherweise sind sich Anhänger und Kritiker hierin einmal einig.

Spirituell Interessierte fühlen sich über die L. oft erhaben. Diese mag etwas für kleinkarierte → Rationalisten sein; *sie* sind da schon viel weiter. Das ist besonders dann bequem, wenn man ungern denkt: Wo immer ein Widerspruch auftaucht, der eigentlich nach Klärung verlangt, kann man sich auf den Standpunkt zurückziehen, daß „solche Dinge die L. transzendieren".

Für → Skeptiker und → Materialisten wiederum ist Esoterik das Unlogische, Irrationale schlechthin. Vielleicht fühlen sie sich deswegen berechtigt, in der Auseinandersetzung mit ihr die haarsträubendsten logischen Schnitzer zu begehen.

Ein paar Beispiele: Was nicht wissenschaftlich bewiesen ist, kann nicht wahr sein. Oder: Wenn ein Trickkünstler einen paranormalen Vorgang imitieren *kann,* dann beweist dies, daß alle diese Vorgänge immer Betrug sind. Oder: Schizophrene haben Halluzinationen; also ist jeder, der Dinge sieht, „die es nicht gibt", ein Schizophrener. Katzen haben vier Beine, also ist jedes Wesen mit vier Beinen...

Die allgemeine Mißachtung der L. ist sicher ein wesentlicher Grund dafür, warum bei Diskussionen über Esoterik meist so wenig herauskommt. Dabei war L. nie so notwendig wie hier: Gerade weil esoterische Fragen bis an die Grenze des menschlichen Begriffsvermögens führen, kann man bei ihnen nicht sorgfältig genug denken.

Lotussitz Eine Sitzhaltung, die besonders zur → Meditation empfohlen wird. Dabei ruht der rechte Fuß auf dem linken und der linke Fuß auf dem rechten Oberschenkel. Für westliche Menschen ist der L. anfangs sehr schwer einzunehmen. Trotzdem, oder vielleicht gerade deswegen, verwenden manche viel Mühe darauf, ihn zu beherrschen. Sie nehmen dann allerdings in Kauf, sich in der Meditation hauptsächlich mit ihren schmerzenden Beinen zu beschäftigen.

LSD Lysergsäure-Diäthylamid, eine von dem Schweizer Pharmakologen Albert Hofmann synthetisierte → Droge, die das Bewußtsein in ähnlich radikaler Weise verändert wie manche „heiligen Pflanzen". LSD führt zu einem stark veränderten Körpergefühl und intensiven → Visionen; der Benutzer meint, völlig neue Universen zu erkunden. Nach einer solchen Erfahrung kommt er oft zu dem Schluß, daß unsere Wahrnehmung von der Welt nur eine von vielen möglichen ist. Unter diesem bewußtseinserweiternden oder → psychedelischen Aspekt wurde LSD z. B. von dem Psychologen Timothy Leary Ende der sechziger Jahre propagiert und fand dann in der alternativen Szene Verbreitung. Hier entstand auch der Ausdruck *trip,* eine moderne Version der „Seelenreise" (→ außerkörperliche Erfahrungen).

Leider kam bald der *Horrortrip* hinzu: Der Mißbrauch von LSD ist ein trauriges Beispiel dafür, was passiert, wenn man tiefgreifende Eingriffe ins Bewußtsein unvorbereitet und ohne kundige Begleitung vornimmt.

Der Psychoanalytiker Stanislav Grof setzte LSD einige Zeit gezielt bei therapeutischen Sitzungen ein, nach eigenem Bekunden mit großem Erfolg. Als LSD in den USA illegal wurde, mußte er diese Praxis einstellen.

Lit.: Albert Hofmann: LSD, mein Sorgenkind. Stuttgart 1979.
Stanislav Grof: LSD – Psychotherapie. Stuttgart 1983.

M

Magie *griech.;* Zauberei. Sozusagen die praktische Abteilung der Esoterik: M. versucht, die inneren Zusammenhänge der Welt auszunutzen, um äußere Ereignisse zu beeinflussen.

In allen bekannten Epochen der Menschheitsgeschichte war M. verbreitet. In der Gestalt des → Schamanen war M. ursprünglich untrennbar mit Religion verbunden. Erst mit der Zeit bildete sich der M. r als Spezialist für die Lösung individueller Probleme heraus, während der Priester mehr dafür zuständig war, den allgemeinen Kontakt mit den höheren Mächten aufrechtzuerhalten. Die Grenzen verliefen aber lange Zeit fließend. Nach der Unterwerfung eines Volkes wurde die Religion der Besiegten oft auch zur M., die früheren Götter sanken zu Hilfsgeistern und Dämonen ab.

Rivalität zwischen Priestern und M. rn ist keine Seltenheit. In der europäischen Geschichte entwickelte sich zwischen beiden eine erbitterte Feindschaft. Die

Verfolgung durch die Kirche trieb die M. in den Untergrund, wo sie ein ziemlich eigenständiges Leben führte und auch viele Versatzstücke aus fremden Kulturen bewahrte (z. B. der ägyptischen, griechischen und jüdischen).

Allerdings muß man zwei Traditionen unterscheiden: Die volkstümliche M. setzte die natürliche, vorchristliche Religiosität der einfachen Leute mitsamt ihren magischen Bräuchen fort, während in der Tradition der → Geheimgesellschaften eine eher philosophisch untermauerte M. entstand. Die Theorie wurde immer wichtiger, man konnte zum „großen M. r" werden, ohne überhaupt praktisch zu arbeiten.

Es ist diese Entwicklungslinie, die in der esoterischen Szene als „Westliche M." firmiert, wobei der Einfluß des → Golden Dawn bis heute nachwirkt. Nach dem Vorbild der antiken → Mysterienkulte wird der Schüler hier in mehreren Stufen initiiert (→ Einweihung), er lernt ein kompliziertes System von → Symbolen und → Ritualen, die ihm zu magischen Kräften verhelfen sollen. Was er mit ihrer Hilfe bewirken soll, ist nicht sehr präzise umrissen. Deshalb kann man sich in diesen Kreisen einen großen Ruf erwerben, ohne daß immer klar ist, auf welchen Leistungen er beruht.

M., die konkrete Aufgaben lösen soll, ist auf der ganzen Welt in Grundzügen gleich. Mit → Orakelmethoden und durch Kommunikation mit der → Geisterwelt wird die Situation eines Ratsuchenden untersucht; mittels Zaubersprüchen, → Amuletten, Beschwörungen und Ritualen versucht der M. r, ihn seinen Zielen näher zu bringen. Dabei geht es um so allgemein menschliche Dinge wie Gesundheit, Liebe, Feindschaft, Reichtum und Macht.

Die Maßnahmen des M.rs sind oft ein Abbild des bezweckten Ergebnisses: ein Knoten soll die Geliebte binden, das Verbrennen einer Puppe dem Feind schaden etc., wobei immer eine Verbindung zur Zielperson hergestellt wird, etwa indem man ihren Namen ausspricht.

Die westliche, von der → Hermetik geprägte Theorie erklärt dies als Anwendung von Korrespondenzen. Zwischen der magischen Handlung und ihrer Auswirkung bestehe ein innerer Zusammenhang, der die Wirkung erkläre. → Vertikales Denken.

So einleuchtend wie in den Ritualen der westlichen M. geht es aber in den natürlich gewachsenen Traditionen keineswegs immer zu. Dort können die Praktiker oft nur sagen, daß „es immer schon so gemacht wurde" und daß „es hilft".

Nach heutigem Verständnis kann M. nicht wirken, denn wir hätten keine Erklärung dafür (→ Logik, → Wunder). Wer diesem Trugschluß nicht aufsitzt, muß feststellen, daß die Frage nach der Wirksamkeit der M. empirisch nicht zu entscheiden ist. Denn natürlich kann man hier, wie bei jeder Technik, auch Fehler machen. „Ein fehlgeschlagenes Ritual widerlegt ebensowenig die M., wie ein defekter Motor die Physik widerlegt." (Jörg Wichmann) Andererseits liegen uns, besonders aus Kulturen mit intakter magischer Tradition, unzählige Berichte vor, die einen Zusammenhang zwischen magischem Handeln und ihrem beabsichtigten Ergebnis nahezulegen scheinen. Aber wie so oft ist es hier Sache der subjektiven Entscheidung, ob man sie als Beweise auffaßt oder nicht. Die Gegenthese, daß es sich dabei um Zufall handelt, kann übrigens ebensowenig bewiesen werden.

Volksmagische Praktiken sind in weiten Teilen der Welt lebendig; selbst in modernen Gesellschaften ist ihre Verbreitung größer als man denkt. Einige Praktiken der modernen Esoterik sind auch Bestandteil der M., etwa → Hellsehen, → Orakel und → mediale Kommunikation. Auch versucht man oft, durch → Visualisieren den Gang der Ereignisse zu beeinflussen (→ Positives Denken, → Silva Mind Control). Sogar in psychotherapeutischen Systemen lassen sich magische Techniken entdecken. Viele Vorgänge, die in der M. routinemäßig ausgelöst werden, sind heute Forschungsgegenstand der → Parapsychologie.

Wie eigentlich jedes praktische Vorgehen wirft auch die M. ethische Fragen auf. Man hat immer „weiße" und „schwarze" M. unterschieden; als weiß gilt alles, was helfen, als schwarz alles, was Schaden zufügen soll. In einer heiklen Grauzone dazwischen liegt „Notwehr" mit magischen Mitteln – eine Leistung, um die M.r in der Praxis recht häufig gebeten werden.

Lit.: *William Butler: Die hohe Schule der Magie. Freiburg 1976.*
Idries Shah: Magie des Ostens. Basel 1984.

Magnum Opus *lat.;* das Große Werk. In der → Alchemie alle Bemühungen mit dem Ziel, das „geheime Gold", den „Stein der Weisen" oder das „Lebenselixier" zu gewinnen, womit das äußere Ergebnis ebenso gemeint sein konnte wie die innere Vervollkommnung des Alchemisten, die parallel dazu stattfinden sollte. Heute ist meist nur noch dieser spirituelle Aspekt gemeint, wenn von M. O. gesprochen wird.

Mandala *Sanskrit;* Kreis. Ein zumeist rundes Bild, das allegorisch das Universum und die Götterwelt darstellt und im → Buddhismus als Meditationshilfe benutzt wird. Dem Westen wurden M.s besonders von C.G. → Jung nahegebracht, der sich eingehend mit ihnen befaßte. Moderne westliche M.s sind meist symmetrische, abstrakte Muster, deren Harmonie dem Betrachter helfen soll, innere Ruhe und Ausgeglichenheit zu erlangen. Historisch interessant ist, daß auch die Rosettenfenster gotischer Kathedralen die Grundstruktur eines M.s aufweisen.

Lit.: C.G. Jung: Der Mensch und seine Symbole. Olten 1968.

Mantra Eine heilige Silbe, ein Wort oder eine Formel, die in der → Meditation ständig wiederholt wird, entweder laut oder im Geiste (→ Transzendentale Meditation). Das M. wird als charakteristisches Schwingungsmuster aufgefaßt, das den, der es spricht, mit einer Urqualität, einer Macht oder Gottheit in Verbindung bringt. Da auch der Name von Gottheiten ein solches Muster darstellt, wird er oft als M. eingesetzt. Das bekannteste M. ist sicher die Silbe „Om". Aber auch die christliche Tradition kennt Texte, die wie M.s rezitiert wurden.

Lit.: John Blofeld: Mantra. München 1988.

Materialisation Das Auftauchen eines Gegenstandes oder einer Person aus dem Nichts, oft als „Verdichtung" von → feinstofflicher Substanz aufgefaßt. Die M. gehört nach modernem Empfinden sicher zu den merkwürdigsten → paranormalen Vorgängen überhaupt. Tritt sie bei spiritistischen → Séancen auf, so vermuten Außenstehende meist Betrug. Das Phänomen wird aber aus vielen Zeiten und Kulturen berichtet. So fallen z. B. bei → Spukfällen manchmal in geschlossenen Räumen Dinge von der Decke, die vorher nicht da waren, oder Gegenstände durchdringen feste Mauern, was ebenfalls eine Aufweichung und anschließende Verdichtung der Materie voraussetzt. Ähnliche Vorgänge haben → Parapsychologen auch schon im Labor dokumentiert. Es scheint also, daß nicht nur Heilige zu diesem → Wunder fähig sind.

Materialist Der liebste Feind mancher Esoteriker. M. en hängen dem cartesianischen, mechanistisch-rationalistischen, linear-kausalen Weltbild an und leugnen das → Übersinnliche. Sie vergöttern die Wissenschaft, behindern die Evolution der Menschheit, und man kann über nichts Spirituelles mit ihnen reden.

Richtig an diesem Klischee ist zumindest, daß moderne Weltanschauungen, soweit sie sich auf „die Wissenschaft" berufen (oftmals ohne sie sehr genau zu kennen), im Kern materialistisch sind. Zwar werden viele Phänomene als real anerkannt, die sinnlich nicht wahrnehmbar sind (z. B. elektromagnetische Felder, Ultraschall) – aber nur, weil sie mittels einer standardisierten Prozedur eine meßbare physikalische Wirkung hervorrufen. Sowie etwas nur subjektiv wahrgenommen werden kann (→ Radiästhesie), gilt es dem echten M. en als nicht existent. Dabei übersieht er, daß mit fortschreitender Meßtechnik der „Hokuspokus" von gestern zur Tatsache von heute werden kann. So ist es etwa mit den Energiefeldern um den menschlichen Körper geschehen (→ Aura, → Kirlianphotographie).

Am deutlichsten scheiden sich die Geister von M. en und Esoterikern bei der Frage, ob die Seele ein vom

Körper unabhängiges Leben führen kann. Der M. verneint das vehement, weil für ihn Seelenleben ohne das materielle, physische Äquivalent undenkbar ist. → Leben nach dem Tode.

Mediale Kunst Inwieweit jeder Künstler ein Medium ist, weil er sich der → Inspiration öffnen muß, ist eine interessante, aber offene Frage. Von m. K. spricht man, wenn jemand – meist in Trance – Kunstwerke produziert, die seine normalen Ausdrucksmöglichkeiten weit übersteigen. Ein bekanntes Beispiel ist die englische Hobbypianistin Rosemary Brown, die unvermittelt komplizierte Stücke im Stile von Beethoven, Schubert, Debussy und anderen bekannten Komponisten zu Papier brachte, wobei sie auch das Gefühl hatte, mit den Meistern in Verbindung zu stehen. Sehr ähnlich liegt auf dem Gebiet der Malerei der Fall des brasilianischen Psychologen Luis Gasparetto, der Bilder im Stile von Picasso, Monet, Degas u. a. malt. Der Entstehungsprozeß der Werke ist dabei sehr ungewöhnlich: Gasparetto malt im Halbdunkel mit ungeheurer Geschwindigkeit, mit oder ohne Pinsel; manchmal trägt er die Farbe direkt mit Händen oder Füßen auf die Leinwand auf.

Meditation Die spirituelle Praxis schlechthin. Viele Leute können sich einen Esoteriker, der nicht meditiert, gar nicht mehr denken. Allerdings herrscht über die Übung selbst ziemliche Unkenntnis.

Dasitzen und nichts tun – dieser Vorstellung entspricht am ehesten noch die Zen-M. (→ Za Zen). Hier beobachtet der Übende seine Gedanken, läßt alles zu und alles ziehen, ohne einzugreifen. Aber es gibt eine große Palette von Möglichkeiten, beim „Dasitzen" innerlich aktiv zu werden. Da sich darüber sehr schlecht abstrakt reden läßt, seien hier ausnahmsweise einige Übungsbeispiele angeführt:

Sehr häufig wird empfohlen, die eigene Atmung zu beobachten. Selbst dabei gibt es Variationen: etwa den Weg der Atmung in die Lungen verfolgen, oder das Zwerchfell beobachten, oder sich auf den Punkt zwischen den Nasenflügeln konzentrieren etc. Man kann die Atemzüge zählen (aber wie? Von 1 bis 10 und dann wieder anfangen? Oder von 1 bis 5 und dann rückwärts?) und den Atem kurz anhalten (beim Ein-, beim Ausatmen? Bei beiden? Und wie lange jeweils?).

Außerdem ist eine große Zahl von → Visualisierungen möglich: Stellen Sie sich vor, ein Lichtstrahl steige beim Einatmen Ihre Wirbelsäule hoch bis zum Scheitel und beim Ausatmen an der Vorderseite des Körpers wieder hinunter; imaginieren Sie eine leuchtende Kugel über Ihrem Kopf, und ziehen Sie beim Einatmen in Gedanken Licht in Ihren Körper; visualisieren Sie nacheinander die Farben des Regenbogens; atmen Sie durch alle Poren Ihrer Haut...

Bei manchen M. en wird gesummt; auch das Rezitieren von → Mantras, entweder laut oder innerlich, ist eine uralte und sehr verbreitete Methode.

Außerdem gibt es noch M. sformen, bei denen man nicht nur dasitzt, sondern sich auch bewegt.

Schon dieser kurze Einblick in die Vielfalt der Formen zeigt, daß die häufig gestellte Frage „Was bewirkt M.?" zu pauschal ist. Gewisse sehr allgemeine Effekte werden immer wieder berichtet: größere Ruhe, gesteigerte Frustrationstoleranz, verbessertes körperliches Befinden, geringerer Schlafbedarf (womit der Zeitverlust durchs Meditieren wieder wettgemacht wäre).

Was über diese eher „therapeutischen" Wirkungen hinausgeht, muß differenzierter betrachtet werden. Daß verschiedene Methoden verschiedene Effekte erzielen, läßt sich selbst an Hirnstromkurven (Elektroenzephalogrammen) demonstrieren, obwohl eine EEG-Messung wenig subtil ist.

Zu den Aufgaben eines → Gurus gehörte es früher, dem Schüler diejenigen Formen der M. nahezubringen, die er zu einem bestimmten Zeitpunkt für geeignet hielt. Nicht nur gibt es heute kaum noch Lehrer, die diese Funktion kompetent erfüllen können, auch das Bewußtsein für das Problem ist in der esoterischen Szene nicht sonderlich ausgeprägt. Oft wird einfach vorausgesetzt, daß M. „gut" ist; oft auch wird eine Methode als die allein selig machende propagiert, ohne auf persönliche Unterschiede einzugehen.

Die im engeren Sinne spirituellen Erlebnisse in der M. sind in wenigen Sätzen nicht zu behandeln; es sind aber schon viele Bücher darüber verfaßt worden. Bei ihrer Lektüre darf man nicht vergessen, daß sich Autoren diese Arbeit natürlich nur machen, um außergewöhnlich erhebende Erfahrungen zu beschreiben. Von jeder M. ähnliches zu erwarten, wäre unrealistisch.

Lit.:   *Johannes Boeckel: Meditationspraxis. München 1986.*
        Ernst Eggimann: Meditation mit offenen Augen. München 1974.

Medium   Ein Mensch, der zwischen nicht → inkarnierten Wesen und anderen Menschen vermittelt. Das M. stellt sich dem Geistwesen für einige Zeit zur Verfügung, das von seinem Körper Gebrauch macht, um Inhalte in einer für Menschen verständlichen Form zu übermitteln. Das kann durch Sprechen oder → automatisches Schreiben geschehen, auch Kunstwerke können auf diese Weise zustande kommen (→ mediale Kunst).

Medien haben bei den Kontakten das deutliche Gefühl, nicht aus eigenem Antrieb zu handeln. Oft sprechen sie mit deutlich veränderter Stimme oder schreiben mit einer anderen Handschrift als der eigenen, und das übermittelte Material unterscheidet sich in vielerlei Hinsicht von allem, was sie im normalen Wachzustand äußern. Ein veränderter Bewußtseinszustand scheint Voraussetzung für die mediale Leistung zu sein. Dies muß allerdings nicht immer tiefe → Trance sein, wie oft angenommen wird.

Besonders im Rahmen spiritistischer Praktiken (→ Spiritismus) spielen Medien eine große Rolle. „Gute Medien" sind solche, die eine Verbindung leicht herstellen und lange aufrechterhalten können. Über die Qualität der durchgegebenen Inhalte ist damit freilich noch nichts gesagt.

Medien gelten gemeinhin als überspannt, hysterisch und labil. Das trifft keineswegs immer zu; es gibt unter ihnen auch ausgesprochen stabile Persönlichkeiten. Entscheidend scheint dabei, wie weit jemand seine medialen Fähigkeiten kontrolliert einsetzen kann. Je mehr ein M. ungewollt zum Übermittler wird, desto schwerer kommt es verständlicherweise im Alltag zurecht. Viele Spiritisten betrachten denn auch Geisteskranke als Opfer einer unbewußten und unfreiwilligen Medialität. Sie sind „jenseitigen" Einflüssen ausgeliefert, die das gute M. steuern kann, und die der Normalmensch ausblendet.

Lit.: Arthur Ford: Bericht vom Leben nach dem Tode. München 1972.

Megalithbauten *griech.: mega lithos;* großer Stein. Aus der Jungsteinzeit stammende Bauten aus riesigen Steinblöcken, wie etwa Menhire, Hünengräber oder Steinkreise. Eines der Indizien, die viele in der Annahme bestärken, daß unser Bild von der menschlichen Geschichte sehr lückenhaft ist.

Manche M. sind älter als die → Pyramiden; die Frage, wie die riesigen Steinblöcke bewegt wurden, ist ebenso ungeklärt wie ihre Bestimmung. Infolge ihrer genauen astronomischen Ausrichtung ist oft vermutet worden, M. seien „primitive" Observatorien gewesen, um z.B. den Zeitpunkt der Sonnenwenden bestimmen zu können; das hätte sich freilich auch mit kleineren Steinen bewerkstelligen lassen.

Unter Esoterikern ist die Theorie verbreitet, die M. seien von ihren Erbauern errichtet worden, um die → Energieströme der Erde zu regulieren, ähnlich wie in der → Akupunktur die Energien des Menschen durch Nadeln ausgeglichen werden. Als Architekten der M. werden → Atlanter, Giganten oder → Außerirdische in Betracht gezogen. Wie bei den Pyramiden ist man auch hier überzeugt, daß beim Bau Techniken eingesetzt wurden, die dem Effekt der Schwerkraft entgegenwirkten und inzwischen in Vergessenheit geraten sind. Alte Überlieferungen erwähnen dabei speziell den Einsatz von Tönen (was an die biblischen Posaunen von Jericho erinnert).

Die → Druiden vollzogen ihre Rituale oft bei M., weil diese immer an → Orten der Kraft stehen. Deswegen wird oft vermutet, die M. seien von den Kelten errichtet worden. Diese wurden aber erst im 7. Jh. v. Chr. in der Bretagne seßhaft; Hinkelsteine der Firma „Obelix & Co." gibt es also nur im Reich der Comics.

Meister Ein hochentwickelter spiritueller Lehrer. In der → Theosophie eine Gruppe von vollendeten Wesen, die, für die meisten Menschen unsichtbar, in entfernten Regionen Tibets leben und über die geistige Evolution der Menschheit wachen. Ob die M. überhaupt einen physischen Körper haben, ist umstritten; jedenfalls können sie in einem solchen erscheinen. Sie sollen über ungeheure, fast göttliche Fähigkeiten verfügen. Unter ihnen stehen die „eingeweihten Jünger", die unerkannt in der Welt leben und die Arbeit verrichten, die ihnen die M. aufgetragen haben.

Durch das → Channeling ist die Idee der M. wieder populär geworden. Allerdings faßt man sie heute meist als reine Geistwesen auf und spricht auch oft von „aufgestiegenen" M. n. Viele Channels meinen, mit M. n der Theosophie in Verbindung zu stehen, z. B. → Saint Germain, Koot Humi und Jesus, der auch zu den M. n gerechnet wird.

Die Idee einer geistigen Hierarchie, welche die Geschicke der Menschheit lenkt, ist nicht nur auf die Theosophie beschränkt. → Weiße Bruderschaft.
Lit.: Annie Besant: Die Meister. Düsseldorf 1912.

Meridiane In der → Akupunktur jene zwölf Bahnen, in denen die Lebensenergie „Chi" fließt. Wo ein M. knapp unter der Hautoberfläche liegt, befindet sich ein sog. Akupunkturpunkt. → Energie.

Mesa *span.;* Tisch. Ein Tuch oder eine Matte, auf der ein südamerikanischer → Curandero bei seinen Ritualen eine Anzahl von → Power Objects ausbreitet, um die richtigen → Energien für den Ablauf der Heilung herzustellen. Die Zusammenstellung und Anordnung der Objekte auf der M. wird von den Heilern sehr wichtig genommen und sorgfältig ausgeführt. Manchmal wird auch die Zeremonie, in deren Mittelpunkt die M. steht, selbst M. genannt.

Lit.: Douglas Sharon: Magier der vier Winde. Freiburg 1987.

Mind Machine Gerät, bei dem durch einfache Stimulierung des Nervensystems ein veränderter Bewußtseinszustand hergestellt wird. Die meisten Modelle arbeiten derzeit mit Brille und Kopfhörern: Auf der Innenseite einer undurchsichtigen Brille erzeugen Leuchtdioden rhythmische Lichtblitze, über Kopfhörer kann der gleiche Rhythmus akustisch eingespielt werden. Oft werden auch → Hemi-Sync-Cassetten verwendet. Inzwischen sind viele Varianten von M. M. s im Handel, die mitunter extrem teuer sind. In „Mind-Salons", die in den meisten größeren Städten existieren, kann man sich stundenweise an M. M. s anschließen lassen.

Das Prinzip der rhythmischen Stimulierung haben schon die → Schamanen mit großer Wirkung eingesetzt; auch in seiner technisch neuesten Version erzeugt es schnell tiefe → Trancezustände. Das kann man verkaufsfördernd als großen Durchbruch bejubeln: Endlich kommt „Farbe in die grauen Zellen", jeder Käufer wird nun „vom Gehirn-Besitzer zum Gehirn-Benutzer" (Micky Remann).

Vielen Esoterikern ist die Vorstellung einer mühelosen „Meditation aus der Steckdose" allerdings ein Graus. Zum einen halten sie Technik für irgendwie unspirituell; zum anderen stört sie, daß der Benutzer gar nichts mehr tun muß, um in den Genuß des mentalen Trips zu kommen.

Die Diskussion um M. M. s ist sicher nicht frei von Ressentiments auf der einen und Geschäftsinteressen auf der anderen Seite. Darüber sollte man aber nicht vergessen, daß M. M. s, wie jede wirksame Psychotechnik, auch ihre Gefahren haben.

Lit.:   Lutz Berger (Hrsg.): Brain-Tech. Heidelberg 1989.

Mondknoten   In der → Astrologie derjenige Punkt, in dem die Mondbahn die Ekliptik, das heißt, die scheinbare Bahn der Sonne auf dem Sternenhimmel, schneidet.

Morphogenetisches Feld *griech.: morphe;*   Form, *genesis;* Entstehung. Von dem russischen Biologen Alexander Gurwitsch (1874–1954) geprägter Begriff, der von dem Engländer Rupert Sheldrake (geb. 1940) erweitert und zu einer umfassenden Theorie ausgebaut wurde.

Gurwitsch nahm an, daß Organismen bei ihrer Entwicklung in ein bereits bestehendes Feld hineinwachsen, das ihre Form bestimmt. Dieses M. F. bewirkt z. B., daß ein künstlich halbierter Embryo doch noch zu einem ganzen Organismus heranwächst oder aus einem kleinen Teil einer Pflanze (einem Ableger) eine große Pflanze wird; in solchen Fällen füllt das Lebewesen das ganze vorgesehene Feld aus.

Nach Sheldrake baut sich der Einfluß eines M. F. s kumulativ über die Zeit auf: jeder Organismus nimmt bei seiner Entstehung über das Prinzip der „morphischen Resonanz" Kontakt mit dem bereits bestehenden Feld auf und verstärkt es daraufhin durch seine Existenz. Je öfter sich ein bestimmtes M. F. also manifestiert hat, desto stärker wird es.

Darüber hinaus nimmt Sheldrake an, daß dieses Prinzip auch für andere Vorgänge als nur das Wachstum gilt. Ganz allgemein ausgedrückt: was schon einmal geschehen ist, wird in Zukunft in der gleichen Form leichter geschehen. So kristallisieren z.B. neu synthetisierte Substanzen mit der Zeit immer schneller aus, auch wenn dies in weit voneinander entfernten Labors geschieht. Und auch Lernaufgaben werden offenbar immer leichter, je öfter sie jemand in der Vergangenheit gelöst hat, wie Sheldrake anhand der Analyse von psychologischen Tierversuchen zeigen konnte.

Damit M.F.er so wirken können, müßte ihr Einfluß unabhängig von räumlichen und zeitlichen Zusammenhängen sein. Es läge also eine Form von Kausalität vor, welche die moderne Naturwissenschaft nicht vorsieht, das esoterische Denken dagegen sehr wohl. Bei genauerem Hinsehen zeigt sich, daß Sheldrake zwei altehrwürdige Konzepte wieder aufgegriffen hat: die „ätherische Hülle" (→ Ätherleib) im Falle des räumlichen M.F.s, und die → Gedankenform für alle Felder, die nicht mehr räumlich vorstellbar sind.

Die Übersetzung dieser Vorstellungen in wissenschaftliche Kategorien hat es möglich gemacht, sie experimentell zu überprüfen; bisher durchgeführte Versuche sind weitgehend im Sinne der Vorhersagen ausgefallen.

Esoteriker zitieren Sheldrakes Theorien allerdings oft so, als seien sie bereits über jeden Zweifel erhaben und feiern sie als „kopernikanische Wende" in der Biologie. Eine derartige Einschätzung ist zumindest verfrüht. Im Moment handelt es sich bei dieser voreiligen Akzeptanz eher um ein „Das ist der Beweis"-Spiel: Viele Esoteriker berufen sich immer dann gerne auf die Wissenschaft, wenn deren Aussagen die eigenen Meinungen bestätigen (→ Esoterik und Wissenschaft).

Lit.: Rupert Sheldrake: Das schöpferische Universum. München 1987.
Ders.: Das Gedächtnis der Natur. München 1990.

Mudra Ursprünglich eine rituelle Handhaltung im hinduistischen Kult. Jeder Gottheit waren bestimmte Finger- und Handstellungen zugeordnet. Im Westen ist eher der heilende Aspekt der M. bekannt. Da jede Haltung einen eigenen → Energiefluß erzeugt, werden für verschiedene körperliche Probleme verschiedene M.s empfohlen.

Lit.: Ingrid Ramm-Bonwitt: Mudras – Geheimsprache der Yogis. Freiburg 1988.

Mysterienkult *griech.: mysterion;* Geheimnis. Kultform, die besonders aus Ägypten, Griechenland und Rom überliefert ist. Zum M. hatten nur Ausgewählte Zugang, die sich vor ihrem Eintritt oft einer Prüfung unterziehen und immer zur Verschwiegenheit verpflichten mußten. Im Kult selbst wurde der Einzuweihende (der „Myste") schrittweise durch bestimmte Erfahrungen geführt, nachdem er durch → Fasten, Gebete und → Rituale, manchmal auch durch → Drogen in einen veränderten Bewußtseinszustand versetzt worden war. Kernstück des M.s war die „Schau des Göttlichen"; dazu wurden bewegende Szenen aus dem Leben der Götter dargestellt und heilige Gegenstände angeschaut.

Das Prinzip der → Einweihung, das Durchschreiten von aufeinander aufbauenden Stadien der Entwicklung, die unmittelbare Erfahrung des Heiligen, die Verschwiegenheit: diese Elemente lebten besonders in den → Geheimgesellschaften weiter und sind der europäischen Esoterik bis heute erhalten geblieben. (Nur das Schweigen über die heiligen Inhalte ist aus der Mode gekommen.)

Übrigens lassen sich auch die „Großen Arkana" des → Tarot als Stationen eines Einweihungsweges auffassen, wie man ihn von M. en her kennt.

Lit.: Karl Kerenyi: Die Mysterien von Eleusis. Zürich 1962.

Mystik *griech.: mystes;* Geweihter. Die unmittelbare Erfahrung des Religiösen, ohne Vermittlung von Ritual oder Dogma. Der M. er gibt sein begrenztes Ich auf, er „stirbt für die Welt", um ganz im Absoluten aufgehen zu können.

Mystische Erfahrungen können spontan auftreten, oft werden sie aber durch Übungen wie → Fasten, → Meditation oder Gebet vorbereitet. M. er sind auf der ganzen Welt und zu allen Zeiten zu ähnlichen Überzeugungen gelangt, auch wenn sie diese in den Begriffen ihrer Tradition ausgedrückt haben: Die Schöpfung ist eine Einheit, Gott ist in allen Dingen und auch in jedem Menschen, wir müssen ihn nicht außen suchen, sondern können ihn in unserem eigenen Herzen finden. Auch betonen M. er immer die Gemeinsamkeiten aller Religionen. All dies hat sie den Priestern verdächtig gemacht, die sich ihre privilegierte Vermittlerrolle nicht nehmen lassen wollten. Bekannte christliche M. er sind etwa Meister Eckehart, Jakob Böhme, Teresa von Avila, San Juan de la Cruz.

Durch ihre persönliche Suche nach religiöser Wahrheit sind M. er in mancher Hinsicht Vorbilder für die modernen Formen der Spiritualität geworden. Aber bei allem Hang zur „Selbsterfahrung" dürften nur die wenigsten Esoteriker bereit sein, sich auf die radikalen inneren Prozesse einzulassen, die aus dem Leben von M. ern immer wieder berichtet werden. Manche Autoren unterscheiden daher M. und „Mystizismus" als abgeschwächte, imitative Form.

Mit kaum einem Wort wird von Kritikern der Esoterik so viel Schindluder getrieben wie mit dem Adjektiv „mystisch". Meist steht es für alles, was unklar, verschwommen, geheimnisvoll und verworren ist. Dabei zeichnet sich die mystische Erfahrung gerade durch eine überdeutliche, kaum zu beschreibende *Klarheit* aus. → Gipfelerfahrung, → Erleuchtung.

Lit.: Georg Schmid: Die Mystik der Weltreligionen. Stuttgart 1990.

Mythos *griech.;* Erzählung. In der Alltagssprache bezeichnet M. heute etwas, was behauptet wird, aber nicht wahr ist („die Überlegenheit der Breitwandreifen ist ein M."). Im esoterischen Denken werden Mythen aber ernstgenommen und in Ehren gehalten. Sie drücken grundlegende menschliche Erlebnisweisen in dramatischer und → symbolischer Form aus; als Schöpfungs-M. stellen sie die Urform der → Kosmologie dar.

Zu dieser Auffassung der Mythen hat ganz wesentlich der Psychoanalytiker C. G. → Jung beigetragen; er konnte zeigen, wie die gleichen Bilder und Motive (→ Archetyp) in den Mythen aller Völker und Kulturen immer wieder auftauchen. Diese Beobachtung veranlaßte ihn zur Annahme eines seelischen Urgrundes, der allen Menschen gemeinsam ist: des „kollektiven Unbewußten".

Unter dem Einfluß von Jung ist es selbstverständlich geworden, sich auf den inneren Kern eines M. zu konzentrieren und ihn als Ausdruck seelischen Geschehens zu betrachten. Diese stillschweigende Annahme wird erst dann deutlich, wenn jemand es einmal anders macht. Als etwa Erich von Däniken behauptete, die Geschichten von überlegenen Wesen, die vom Himmel kamen, seien ganz wörtlich zu nehmen und wahr (→ Außerirdische), erntete er auch von esoterischer Seite Ablehnung: Wie schließlich jedermann wisse, drücken die Mythen von Göttern nur psychische Konstellationen in Form einer Geschichte aus.

Auf jeden Fall schärft die Beschäftigung mit Mythen, die einem in der Esoterik ständig begegnen, den Blick dafür, wie sehr mythische Motive auch unseren modernen Alltag prägen.

Lit.: Joseph Campbell: Der Heros in tausend Gestalten. Frankfurt 1953.

N

Nahtod-Erfahrung Dank fortgeschrittener Notfall-Medizin können neuerdings immer häufiger Menschen wiederbelebt werden, bei denen Atmung, Herzschlag und Hirnströme bereits ausgesetzt haben. Erstaunlicherweise berichten die Betreffenden aus der Zeit, in der sie „klinisch tot" waren, oft intensive Erlebnisse, die einander weitgehend ähneln.

Eine typische N. E. verläuft demnach folgendermaßen: Nach dem Trauma (Unfall, Schock etc.) löst sich das Bewußtsein vom Körper (→ Außerkörperliche Erfahrungen); der Sterbende hat das Gefühl, durch einen dunklen Schacht gezogen zu werden und wieder ins Licht zu kommen. Danach schwebt „er", d. h. sein Bewußtsein, über der Szene des Geschehens und kann später genau beschreiben, was vor sich ging. Nun wendet er sich anderen, nicht irdischen Gefilden zu, wird von bereits verstorbenen Verwandten oder Freunden begrüßt und trifft dann eine eindrucksvolle Lichtgestalt, die grenzenlose Güte und uneingeschränktes Verständnis ausstrahlt. Wie ein Lehrer oder → Geistführer hilft dieses Wesen dem Sterbenden, sein ganzes bisheriges Leben noch einmal zu überblicken und Bilanz zu ziehen. Daraufhin beschließt der Sterbende, noch einmal zurückzukehren; oder er wird zurückgeschickt. Viele tun das mit Bedauern, denn der Aufenthalt im → Jenseits wird fast immer als beglückende Erfahrung beschrieben.

N. E. en werden häufig als Halluzinationen unter extremem Streß abgetan. Diese Deutung wirft aber die Frage auf, warum N. E. en von keiner typischen elektrischen Aktivität des Gehirns begleitet werden. Auch bleibt völlig unerklärlich, wieso jemand, der nur phantasiert oder halluziniert hat, manchmal z. B. jedes Wort und jeden Handgriff der Ärzte, die sich um sein Leben bemühten, exakt wiedergeben kann.

Menschen, die eine N. E. gemacht haben, betonen immer wieder, daß sie sich von einem Traum deutlich unterschied; das Erlebte erschien ihnen so real, oder sogar noch realer als die alltägliche Wirklichkeit. Auch sind sie überzeugt, tatsächlich den Prozeß des Sterbens erlebt (wenn auch nicht abgeschlossen) zu haben. Sie verlieren dadurch jede Furcht vor dem Tod.

„Bis zum nächsten Mal" wollen viele anders als bisher leben, sich mehr auf das Wesentliche konzentrieren, mehr an die Mitmenschen und weniger an die eigenen Bedürfnisse denken. Wie es ein Betroffener dem Arzt Michael Sabom sagte: „Ich habe mir hier noch einiges vorgenommen."

Lit.:   Raymond A. Moody: Leben nach dem Tod. Reinbek 1977.
Michael Sabom: Erinnerung an den Tod. München 1985.

Naturgeister Sammelbezeichnung für eine Vielfalt von mit der Natur verbundenen → Geisterwesen. N. wurden früher mit großem Respekt behandelt, Schamanen arbeiten sogar eng mit ihnen zusammen. Bei uns werden sie selbst in manchen esoterischen Kreisen nicht ganz ernst genommen. Erst neuerdings bemühen sich wieder mehr Menschen um bessere Beziehungen zu diesem Teil der → Jenseits-Bevölkerung. → Deva und → Wicca.

New Age *engl.;* Neues Zeitalter. Die Überzeugung, daß die Menschheit an einem historischen Wendepunkt steht, und daß ihr zukünftiges Schicksal davon abhängen wird, ob es ihr gelingt, ein neues Bewußtsein zu entwickeln. N. A. steht daher auch für dieses Bewußtsein, das als → ganzheitlich, spirituell, beweglich, innovativ, kooperativ, intuitiv beschrieben wird (→ Wassermann).

Verfechter des N. A.-Gedankens sehen überall Anzeichen für einen Wandel in dieser Richtung. Sie begrüßen das Aufweichen autoritärer Strukturen, die steigende Mobilität und Dezentralisierung in modernen Gesellschaften, den wachsenden Hang zu Selbstbestimmung und Selbstfindung, das geschärfte ökologische Bewußtsein, die Veränderung der Geschlechterrollen, die Rückbesinnung auf Spiritualität. Für sehr wichtig wird auch gehalten, daß das Weltbild der modernen Naturwissenschaft wieder besser mit traditionellen → Kosmologien in Einklang zu bringen ist (→ Esoterik und Wissenschaft, → Hologramm, → Morphogenetisches Feld, → Paradigma).

Theoretiker des N. A. neigen allerdings dazu, die derzeitigen Veränderungen der Welt äußerst global und eindimensional zu betrachten. Alles, was in Richtung ihrer Erwartungen geht, wird gerne als Indiz zur Kenntnis genommen; den Rest interpretiert man als „Geburtswehen der Neuen Zeit". Im alltäglichen Leben hält ohnehin niemand die globale Perspektive durch, man nimmt die Zeitenwende durch einen geänderten Lebensstil voraus. Als N. A.-gemäß gilt dabei alles, was sanft, harmonisch und gesund ist: still dahinfließende, Oberton-reiche Klangteppiche (N. A.-Musik), Öko-Häuser mit Pyramidendächern, alternative Medizin, Bio-Kost, symmetrische Bilder in Pastellfarben mit viel goldenem Licht.

Obwohl ihnen der Begriff der Ganzheitlichkeit theoretisch so wichtig ist, klammern *New Ager* in der Praxis doch viel aus, möglichst alles, was ihren Frieden stören könnte. Dazu gehören auch geistige Auseinandersetzungen. „Das Problem mit den N. A.-Denkern ist, daß sie nicht denken", klagt der Amerikaner Morris Berman; wie er wollen auch viele andere selbständige Köpfe nicht mehr mit dem Etikett N. A. bedacht werden. Das führt dazu, daß heute zunehmend Nachbeter und Nachzügler als Verkünder des Neuen Zeitalters auftreten. Die Pioniere machen sich bereits viel differenziertere Gedanken über die Zukunft.

Nur Kritiker wollen nicht vom Begriff der „N. A.-Bewegung" lassen. Denn so lassen sich esoterische Aktivitäten aller Art als das Treiben einer finsteren Verschwörung zusammenfassen, mit „N. A.-Zentren" als Kommandozentralen und der → Theosophie als Programm (oder sind vielleicht doch die → Rosenkreuzer die Drahtzieher?).

Lit.: Marilyn Ferguson: Die sanfte Verschwörung. Basel 1982. Fritjof Capra: Wendezeit. München 1983.

Nirvana *Sanskrit;* Erlöschen. Im Hinduismus das Aufgehen im göttlichen Bewußtsein, das Erlöschen von Gier, Haß und Verblendung, die Befreiung vom Zwang zur → Wiedergeburt. N. wird oft fälschlich als „Nichts" übersetzt.

Nostradamus Lateinischer Name des Michel de Notre Dame (1503–1566), südfranzösischer Arzt und Astrologe, der es bis zum Hofastrologen von Katharina von Medici brachte. Der Nachwelt ist N. durch seine *Centuries* bekannt, eine Sammlung von rätselhaften Vierzeilern, die ausdrücklich als Prophezeiungen gemeint waren. Tatsächlich lassen sich zwischen manchen Gedichten und späteren Ereignissen der Französischen Revolution verblüffende Verbindungen herstellen. Seither ist oftmals versucht worden, in den *Centuries* auch Ankündigungen späterer historischer Geschehnisse zu sehen oder gar Auskünfte über die uns bevorstehende Zukunft zu erlangen. N.' Texte sind aber so verkürzt und „sybillinisch", daß sich so ziemlich alles aus ihnen heraus- (oder in sie hinein-) lesen läßt. Das scheint allerdings auch ihre Faszination auszumachen. → Präkognition.

Lit.: Colin Wilson: Das Okkulte. Berlin 1982.

Numerologie Lehre von der tieferen Bedeutung der Zahlen. Eine beliebte Anwendung der N. ist die Deutung von Daten, Nummern, aber auch Namen und Wörtern, wobei den Buchstaben nach einem bestimmten System Zahlen zugeordnet werden. Man addiert dabei solange die einzelnen Ziffern und dann die Ziffern der Summe, bis man eine einstellige Zahl erhält, die sog. „Quersumme". Da jeder Zahl von 1 bis 9 ein bestimmter Charakter zugeschrieben wird, erhält man auf diese Weise ein einfaches → Orakel. Geburtsdaten und Namen sagen etwas über die Person, Hochzeitstage über das Schicksal der Ehe, Hausnummern über das Haus, Autonummern über das Auto aus usw.

Über der umfangreichen Spezialliteratur zur N. darf nicht vergessen werden, daß dieses Verfahren nur einen Teilaspekt der okkulten Zahlenlehre darstellt. → Gematria.

Lit.: Jean-Pol de Kersaint: Numerologie. Freiburg 1979.

O

Od Von dem deutschen Naturforscher Carl Freiherr von Reichenbach (1788–1869) angenommene allgemeine Lebenskraft. Der Begriff hat große Ähnlichkeit mit traditionellen → Energiekonzepten und taucht auch im heutigen okkulten Sprachgebrauch noch öfter auf (z. B. „O.-Aufladung" oder „sich entoden").

Offenbarung Eine göttliche Mitteilung an den Menschen; die Enthüllung der Wahrheit für den, der sie wahrnehmen kann. Religiöses und esoterisches Wissen berufen sich immer auf O. Das erklärt die apodiktische Form, in der es für gewöhnlich mitgeteilt wird. Traditionell haben Religionen immer die O. einzelner verabsolutiert und denen, die nach ihrem Gründer kamen, das Recht abgesprochen, selbst O. zu suchen. In der modernen → Esoterik zeigt sich dagegen zunehmend die Tendenz, einen persönlichen Zugang zur göttlichen Wahrheit anzustreben. → Höheres Selbst, → Mystik.

Okkultismus *lat.: occultus;* verborgen. Lehre von den geheimen Zusammenhängen des Universums, die oft auch im Geheimen betrieben wurde. In der Vergangenheit war die Geheimhaltung des O. oft eine Notwendigkeit, um den Verfolgungen der Kirche zu entgehen. Heute nennen sich eher solche Leute Okkultisten, die bei ihrer Arbeit lieber unter sich bleiben und vielleicht auch das Gefühl genießen, im Besitz von Wahrheiten zu sein, die nicht Allgemeingut sind (→ Geheimgesellschaften). Durch die zahlreichen Veröffentlichungen auf dem Gebiet ist es aber mit der Verborgenheit des O. nicht mehr weit her. Inhaltlich ist er heute mit Esoterik gleichzusetzen.

In der öffentlichen Diskussion wird der Begriff O. gerne von seinen Gegnern benutzt – er weckt so herrlich finstere Assoziationen. Wo der O. sein Unwesen im verschlossenen Hinterzimmer treibt, kann Satan nicht weit sein. Für manche ist schon der ein Okkultist, der einmal mit dem → Pendel experimentiert.

Om Die „heilige Silbe", das im Westen wohl bekannteste → Mantra. O. wird manchmal auch als „der Ton des Universums" bezeichnet und bei vielen → Meditationen intoniert.

Omen *lat.;* Vorzeichen. Ein Gegenstand, Ereignis oder Vorgang, der als Hinweis auf eine zukünftige Entwicklung verstanden wird. Die verschiedensten Dinge sind schon als O. ausgelegt worden, so etwa der Flug der Vögel, die Wolkenbildung, die Eingeweide von Tieren. Wie beim → Orakel wird auch beim O. angenommen, daß eine systematische, sinnvolle Beziehung zwischen Gegenwart und Zukunft besteht.

Orakel 1. Eine Stätte, wie z. B. ein Heiligtum, wo eine → sensitive Person im Auftrag von Ratsuchenden in die Zukunft zu blicken versucht. Oft wird dies auch als → medialer Vorgang betrachtet, d. h. als Übermittlung einer Götter- oder Geisterbotschaft. 2. Eine festgelegte Prozedur zur Ergründung zukünftigen Geschehens. Kernstück des O. ist immer ein „zufälliger" Vorgang, der in einem nicht zufälligen Zusammenhang zu den Ereignissen der Zukunft gesehen wird: z. B. das Fallen hochgeworfener Objekte, die Reihenfolge von Karten in einem gemischten Stapel, die Form von Ölschlieren auf dem Wasser, der berühmte Kaffeesatz u. a. m. Als Bibeln noch selten und oft das einzige Buch im Haus waren, schlug man sie an einer beliebigen Stelle auf und betrachtete die ersten Worte, auf die der Blick fiel, als O.-Spruch („Bibliomantie").

Die in der esoterischen Szene zur Zeit beliebtesten O. sind wohl das → Tarot und das → I Ging.

Orden Mehr oder weniger verschworene Gemeinschaft zur Verfolgung spiritueller Ziele. Um Mitglied eines O. s zu werden, muß man → eingeweiht werden. O. haben O. sregeln, den Zwang zur Geheimhaltung und verleihen ihren Mitgliedern O. snamen. Verschiedene O. handhaben diese Praxis allerdings unterschiedlich streng und restriktiv. → Geheimgesellschaften nennen sich gerne O.; auch bei den → Sufis werden die einzelnen Schulen als O. bezeichnet. (Ebenso heißen die Gemeinschaften der Mönche des Christentums.)

Ort der Kraft Eine Stelle, von der eine oft fühlbare Kraft oder → Energie auszugehen scheint, die demjenigen, der sich dort aufhält, den Zugang zur „anderen Welt" erleichtert. O. e d. K., oft Berge, Quellen, Wasserfälle oder Höhlen, spielen in allen Religionen eine Rolle. Man sucht sie zu → Meditation, Gebet oder → Visionssuche auf, hält dort → Rituale ab oder errichtet Heiligtümer auf ihnen. Wenn Religionen einander ablösten, zerstörten sie oft die heiligen Stätten ihrer Vorgänger, errichteten ihre eigenen aber an der gleichen Stelle, um von der besonderen Beschaffenheit des Ortes zu profitieren.
Lit.: Gisela Graichen: Das Kult-Platz-Buch. Reinbek 1988.

Oui-ja-Brett Hilfsmittel zur Herstellung von Kontakten zum → Jenseits. Es funktioniert ähnlich wie das → Gläserrücken. Auf einem Brett sind die Buchstaben des Alphabets, die Zahlen von 1 bis 10 und die Worte „ja" und „nein" angebracht. In der Mitte befindet sich ein beweglicher Zeiger, auf den alle Mitglieder einer → Séance einen Finger legen. Man hofft, daß ein → Geist auf diese Weise Botschaften buchstabiert. Der Begriff O. ist ein Kunstwort, gebildet aus dem französischen „oui" und dem deutschen „ja". (Amerikaner, die das nicht wissen, sprechen das Wort manchmal aus, als schriebe man es weegee-board.) → Spiritismus, → Jugendliche und Okkultismus.

P

Paradigma *griech.;* Beispiel. Unter dem Einfluß des amerikanischen Wissenschaftshistorikers Thomas Kuhn wird P. heute oft gleichbedeutend mit „Weltsicht" oder „Weltanschauung" verwendet. Wenn man vom „neuen P." spricht, sind damit jene modernen wissenschaftlichen Ansichten gemeint, die wieder starke Ähnlichkeiten mit traditionellen Weltbildern aufweisen. → Esoterik und Wissenschaft.

Lit.: Thomas Kuhn: Die Struktur wissenschaftlicher Revolutionen. Frankfurt 1975.

Paranormal *griech.: para;* neben. Bezeichnung für alles, was „eigentlich unmöglich ist", aber doch passiert. Indem man es sprachlich „neben" den akzeptierten Teil der Realität stellt, mildert man auf elegante Weise den *Gegen*satz zwischen p. en Vorgängen und dem modernen Weltbild.

Parapsychologie Als Beginn der P. gilt allgemein die Gründung der *Society for Psychical Research* (SPR) im Jahre 1882 in England. Hier versuchten erstmals anerkannte Wissenschaftler, Regeln und Strategien für die Erforschung des → Paranormalen zu erarbeiten. Die untersuchten Phänomene waren weitgehend die gleichen, die die Parapsychologen noch heute beschäftigen: → Telepathie, → Hellsehen, → Präkognition, → Erscheinungen und → Spuk, → physikalische Phänomene.

In der Arbeit der SPR spielte die Dokumentation von spontanen Fallgeschichten noch eine große Rolle (wobei nur solche Fälle akzeptiert wurden, die sich auch vor

Gericht hätten beweisen lassen). Später verlagerte sich der Schwerpunkt der parapsychologischen Forschung mehr ins Labor. Besonders die Einführung experimental-psychologischer und statistischer Methoden durch den Amerikaner J. B. Rhine hat hier lange Zeit das Bild geprägt.

Daneben wurde auch immer mit Menschen gearbeitet, die über besonders ausgeprägte paranormale Begabung verfügen, den → Sensitiven.

Im Zuge ihrer Forschungen hat die P. umfangreiches Material zusammengetragen; es zeigt, daß Fähigkeiten wie Telepathie, Hellsehen und Präkognition weit verbreitet sind, und daß manche Individuen Dinge vollbringen können, die heute als schier unmöglich gelten (besonders im Bereich der physikalischen Phänomene).

Die Hoffnung der P., durch sorgfältiges wissenschaftliches Arbeiten die Öffentlichkeit von der Realität der untersuchten Phänomene überzeugen zu können, ist freilich kaum in Erfüllung gegangen – vor allem deshalb, weil der akademische Wissenschaftsbetrieb die Ergebnisse weitgehend ignoriert hat.

Andererseits wird die P. genau wegen ihrer vermeintlich „altmodischen" Methodentreue von esoterischer Seite angegriffen. Eingewandt wird, daß sich das Leben nicht ins Labor sperren läßt (ein Punkt, der auch in anderen Forschungsbereichen der Psychologie seit eh und je diskutiert wird) und daß statistische Methoden den untersuchten Zusammenhängen nicht gerecht werden (→ Esoterik und Wissenschaft).

Auch meinen viele Esoteriker, es gebe sinnvollere Beschäftigungen, als eine Öffentlichkeit überzeugen zu wollen, die sich ihre Meinung ohnehin nicht nehmen lasse. Parapsychologische Literatur gehört jedenfalls in der Szene nicht gerade zu den Bestsellern.

Lit.: *D. Scott Rogo: Parapsychologie – Hundert Jahre Forschung. Stuttgart 1976.*
Joseph B. Rhine: Parapsychologie. Bern 1962.

Pendel Ein kleines Gewicht, das an einer kurzen Schnur befestigt ist und meist zwischen Daumen und Zeigefinger einer Hand gehalten wird. Feine, unwillkürliche Bewegungen der Hand übertragen sich auf das P. und bringen es zum Schwingen. Der Pendler versucht zunächst, für einzelne Schwingungsmuster eine bestimmte Bedeutung festzulegen (z. B. rechts herum: Ja; links herum: Nein; ruhig: Weiß nicht). Gelingt das, so kann „das P. befragt werden".

Das P. „tut" dabei aber gar nichts, es zeigt nur feine Reaktionen an, die ohne es unbemerkt geblieben wären. Wer das P. benützt, nimmt an, daß der Pendler die Antwort auf seine Frage unbewußt weiß.

Die Fragen, die man mit Hilfe des P. s zu klären versucht, sind vielfältig: etwa die Beschaffenheit von Energiefeldern in der → Radiästhesie, die Verträglichkeit von Arzneimitteln, der Fundort von Ruinen (wobei manchmal auch über einer Karte des Gebietes gependelt wird), der Aufenthalt von vermißten Personen etc.

Ob jemand mit dem P. brauchbare Ergebnisse erzielt, hängt erstens von seinen Fähigkeiten und seiner Übung ab, zweitens aber auch davon, ob ihm dieses spezielle Instrument liegt. Viele Menschen erhalten klarere Antworten, wenn sie z. B. auf das Gefühl in ihrer Hand achten oder einfach in sich hineinhorchen. → Hellsehen, → Wünschelrute.

Lit.: *Tom Graves: Radiästhesie. Freiburg 1987.*

Pentagramm Fünfzackiger Stern, auch „Drudenfuß" genannt. Uraltes, weit verbreitetes religiöses und → magisches Symbol. Heute ist das P. besonders als Schutzzeichen gegen schädliche Einflüsse und magische Angriffe populär. Das „P.-Ritual" des → Golden Dawn wird als eine der wirksamsten Maßnahmen der → psychischen Selbstverteidigung empfohlen. Wichtig ist, daß das P. in einer ununterbrochenen Linie ausgeführt wird und daß eine seiner Spitzen genau nach oben zielt; umgekehrt ist es nämlich das Zeichen des Teufels.

Physikalische Phänomene In der → Parapsychologie Sammelbegriff für alle physikalischen Vorgänge, für die keine physikalische Ursache erkennbar ist und bei denen traditionellerweise eine Einwirkung des Geistes angenommen wird. P. P. treten oft spontan bei → Spukfällen auf oder werden in → Séancen provoziert (→ Tischerücken). Die meisten → Sensitiven, mit denen Parapsychologen arbeiteten, zeigten eine besondere Begabung, P.P. auszulösen. Die verschiedensten Vorgänge sind dabei schon dokumentiert worden: willentliches Bewegen von Gegenständen, Ablenken von Magnetnadeln, Verbiegen von Stahlstangen in verschlossenen Behältern, Aufheizung oder Abkühlung von Objekten, Auslösung von Infrarotschranken etc., alles ohne direkte physische Einwirkung. Wegen der willentlichen Komponente dabei spricht man in diesen Fällen auch von → Psychokinese. Sehr viel plastischer ist da die englische Formel *mind over matter* – Geist über Materie.
Lit.:   *Louisa E. Rhine: Psi – was ist das? München 1982.*

Planchette *franz.;* Brettchen. Gerät, das im → Spiritismus zum → automatischen Schreiben verwendet wird. Es handelt sich um ein kleines, mit einem Bleistift versehenes Tischchen, das auf Rollen läuft. Die Teilnehmer einer → Séance legen ihre Hand auf die P. und hoffen, daß ein → Geist sich durch eine geschriebene Botschaft mitteilt.

Planeten In der → Astrologie die Trabanten der Sonne plus Sonne und Mond. Bis in die jüngere Vergangenheit war deren Zahl also sieben: Sonne, Mond, Merkur, Venus, Mars, Jupiter, Saturn. Durch die Entdeckung von Uranus, Neptun und Pluto hat sich die Zahl auf zehn erhöht. Weil die P. seit jeher mit Göttern assoziiert wurden, ist jedem ein ganz bestimmter Charakter eigen. Nach einer abstrakteren Auffassung repräsentieren sie Grundkräfte oder Prinzipien des Kosmos. In diesem Sinn werden sie auch zu den → Sephiroth im kabbalistischen → Lebensbaum in Beziehung gesetzt. Jedem P. ist traditionell ein bestimmtes Metall zugeordnet (Sonne – Gold, Mond – Silber, Merkur – Quecksilber, Venus – Kupfer, Mars – Eisen, Jupiter – Zinn, Saturn – Blei). Oft werden auch → Edelsteine nach ihrer Affinität zu bestimmten P. eingeteilt. Dabei weichen verschiedene Systeme allerdings erheblich voneinander ab. (Nur beim Mondstein sind sich alle einig.)
Eine P.zuordnung ist weitgehend unbekannt und wird doch von jedem benutzt: Jeder Wochentag hat seinen P., was sich auch in der Etymologie ihrer Namen zeigen läßt (z. B. Mond-Tag, *franz.: Lun-di; span.: Lunes* etc.). Zugeordnet werden: Montag – Mond, Dienstag – Mars, Mittwoch – Merkur, Donnerstag – Jupiter, Freitag – Venus, Samstag – Saturn, Sonntag – Sonne.

Plastikschamane Angehöriger einer Stammeskultur, der unzutreffenderweise behauptet, in das → schamanische Wissen seines Stammes eingeweiht zu sein, und der aus dieser Amtsanmaßung Kapital schlägt. Oder allgemein jemand, der die entsprechenden Traditionen kommerzialisiert und verflacht. Allerdings spielen bei der Frage, wen man zu den P. rechnen will, auch grundsätzliche Einstellungen eine Rolle. Traditionell wurde schamanisches Wissen nur innerhalb einer bestimmten Kultur überliefert. Wer an dieser Position festhält – wie es viele Stammesälteste tun – wird praktisch jeden, der das Wissen heute an Fremde weitergibt, als P. einstufen.

Polarität Ein wichtiges Kennzeichen esoterischen Denkens ist, daß es die Einheit hinter den so verschiedenen Erscheinungen der Welt wahrzunehmen versucht. Deshalb betrachtet es Gegensätze nicht als unvereinbar, sondern als Endpunkte eines zusammenhängenden Kontinuums, einer P. Schwarz und weiß, hell und dunkel, groß und klein etc. bedingen einander, definieren sich wechselseitig und sind deshalb auch nicht voneinander zu trennen. Die Enden einer P. hängen zusammen wie der Nord- und der Südpol eines Magneten.

Dieses zunächst recht theoretisch anmutende Postulat hat weitreichende praktische Konsequenzen, vorausgesetzt, man nimmt es ernst. Es bedeutet, daß man nie einen Pol einer P. auf Kosten des anderen verwirklichen kann. Wer es dennoch versucht, ist immer wieder mit dem konfrontiert, was er eigentlich vermeiden wollte, weil er ungewollt auch den Gegenpol verstärkt. So denken etwa Moralwächter ständig an die Sünde, Kritiker des Kapitalismus an Geld, und Feministinnen an Männer.

Eine solche Auffassung von Gegensätzen ist den meisten Esoterikern sehr geläufig; daher rührt auch ihre Skepsis gegenüber politischen Kampagnen, in denen man sich das Heil einfach von der Bekämpfung eines Gegners verspricht. Freilich sind auch sie nicht ganz gegen Freund-Feind-Denken gefeit. Den → Materialisten, → Skeptikern, der „mechanistischen" Wissenschaft, oder auch nur den Anhängern einer anderen spirituellen Gruppierung kann schnell wieder die Rolle des grundsätzlich Anderen zugeschrieben werden. Auch Bemühungen um eine „weibliche Spiritualität" sind ständig in Gefahr, die P. der Geschlechter als Gegensatz aufzufassen.

Lit.: Thorwald Dethlefsen: Schicksal als Chance. München 1980.

Poltergeist Wie der Name schon sagt, ein ganz besonders lauter und ruppiger Urheber eines → Spukphänomens.

Lit.: W. Roll: Der Poltergeist. Freiburg 1976.

Positives Denken Daß der Mensch sein eigenes Glück und das seiner Mitmenschen befördert, wenn er positiv denkt, gehört zu den selbstverständlichsten Annahmen in spirituellen Kreisen. Das verwundert nicht, da man hier ja Gedanken, wie andere psychische Handlungen, für sehr real und wirkungsvoll hält (→ Gedankenform). So gesehen zeigt alles, was man denkt, die Tendenz, sich früher oder später in der materiellen Welt zu manifestieren. Deswegen wird auch die in unserer Gesellschaft verbreitete Leidenschaft, sich mit Problemen und Mißständen zu beschäftigen, als sehr destruktiv angesehen.

Positive Suggestionen und „Affirmationen" sind ein verbreitetes Mittel der Selbstbeeinflussung. Man sagt sie sich laut oder leise vor, druckt sie auf Kärtchen oder hört sie, von sanfter Musik begleitet, auf Cassetten.

Allerdings müssen sich Positive Denker vor einem Paradox hüten: Wenn sie negatives Denken verurteilen, begehen sie damit selbst einen negativen Akt. Viele Ideologen des P.D.s gehen da recht gewaltsam vor. („Verbannen Sie ab sofort alles Negative aus Ihren Gedanken!") Deswegen meinen Kritiker, P.D. sei nicht wirklich esoterisch: Wer nicht prinzipiell die ganze Schöpfung akzeptieren kann, bleibe in einer Seite der → Polarität von Gut und Böse stecken.

Lit.: Norman Vincent Peale: Das Ja zum Leben. München 1989.

Power Ein Begriff, der besonders durch Carlos → Castaneda in den → esoterischen Jargon eingeschleppt wurde. In seinen englischen Texten (die angeblich auf spanisch geführte Unterhaltungen wiedergeben) hat P. verschiedene Bedeutungen: 1. eine unpersönliche „höhere" Macht, 2. eine persönliche Kraft, die der Zauberer ansammeln und einsetzen kann, und 3. eine physische Energie, die zum Beispiel von Orten ausgeht (→ Ort der Kraft). Es spart also viel Denkarbeit, wenn man beim Originalausdruck bleibt.

P. kann man fühlen, erzeugen, abstrahlen, man kann sie jemandem klauen oder jemanden damit umblasen. „Von dem ging so 'ne P. aus, das hat mich glatt umgehauen."

Power Object Ein Gegenstand, der infolge seiner Beschaffenheit oder nach einer besonderen Prozedur mit → Energie aufgeladen ist. P.O.s werden bei Ritualen eingesetzt (→ Mesa), man kann sie aber auch z.B. um den Hals tragen. Extrovertierte Magier tun das über dem Hemd.

Präkognition Das → paranormale Wissen um zukünftige Ereignisse.

P. ist aus der gesamten Menschheitsgeschichte überliefert, wobei allerdings der Eindruck entstanden ist, sie müsse sich immer als spektakuläre → Vision eines Sehers, Propheten oder Wahrsagers einstellen. Tatsächlich scheint P. in unscheinbareren Formen häufiger Bestandteil unseres Alltags zu sein.

So haben z.B. → Träume häufig präkognitive Elemente, wie man feststellt, wenn man sie aufschreibt und sorgfältig mit späteren Ereignissen vergleicht. Auch unbestimmte Vorahnungen und unerklärliche Handlungsimpulse können sich als P. herausstellen (etwa, wenn man den Ort eines späteren Unfalls gerade noch rechtzeitig verläßt, obwohl man „gar keinen Grund dazu hatte").

Eine weitgehend unbekannte Form, aus Versehen an die Zukunft zu geraten, ist das Schreiben von „fiktiven" Geschichten, die danach Wirklichkeit werden. Ein besonders eindrucksvolles Beispiel: Eine Erzählung des Amerikaners Morgan Robinson aus dem Jahre 1898, die den Untergang der „Titanic" 14 Jahre vor dem Ereignis vorwegnahm.

Selbst unter Laborbedingungen (→ Parapsychologie) hat sich P. nachweisen lassen, und das, obwohl es dabei um so unwichtige Aufgaben geht wie z.B. die Vorhersage einer Karte, die der Versuchsleiter als nächste ziehen wird.

Mit dem spontanen Auftreten von P. hat man sich in der Vergangenheit nie begnügt; immer wurde auch versucht, sie gezielt herbeizuführen und praktischen Nutzen aus ihr zu ziehen. Der Blick in die Zukunft war Aufgabe von Spezialisten wie → Schamanen und Priestern, die dazu entweder spontane Abläufe in der Natur beobachteten (→ Omen) oder → Orakelverfahren verwendeten.

Der moderne Mensch darf an P. aber nicht glauben, da es im Rahmen unseres Weltbildes unmöglich ist, von einem Ereignis zu erfahren, das noch gar nicht stattgefunden hat. Tatsächlich erfordert die esoterische Erklärung hier ein radikales Umdenken, aber es gibt sie: Demnach *existiert* alles Geschehen bereits – nur dadurch, daß wir es schrittweise erfahren, entsteht für uns der Eindruck der Zeit. (Diese Vorstellung wird oft in dem Schlagwort „Zeit ist eine Illusion" zusammengefaßt.)

Berichte über Prophezeiungen, die sich als zutreffend erwiesen haben, füllen Bände. Allerdings darf man nicht vergessen, daß Fehlschläge viel seltener in der Literatur auftauchen. Die erkenntnistheoretische Lage ist hier ähnlich vertrackt wie bei der → Magie: Eine falsche Prophezeiung beweist nur, daß P. in diesem Fall nicht stattgefunden hat, aber nicht, *daß es P. nicht gibt.*

In der Praxis hat die persönliche Einstellung zu dieser Frage weniger schwerwiegende Folgen als in der Theorie. Auch wer von P. völlig überzeugt ist, muß die Ereignisse abwarten, bevor er sicher sein kann. Die meisten Esoteriker versuchen hier einen Balanceakt: Sie respektieren Vorhersagen von präkognitiv begabten Personen, achten auf eigene Vorahnungen, suchen in ihren Träumen nach zukunftsweisenden Elementen, befragen vielleicht die Karten oder das → I Ging – treffen dann aber ihre Entscheidungen nicht ausschließlich aufgrund dieser Informationen. Echt „Orakelgläubige" kommen nicht so oft vor, wie behauptet wird; da man mit dieser Haltung die vollen Konsequenzen jeder Falschprognose tragen muß, läßt sie sich auf Dauer auch nur schwer durchhalten.

Lit.: Arthur Koestler: Die Wurzeln des Zufalls. Bern 1972.

Prana *Sanskrit;* Atem, Lebenshauch. Im weiteren Sinne Lebensenergie. → Energie.

Psi Sammelbezeichnung für alle → paranormalen Fähigkeiten, abgeleitet von dem griechischen Buchstaben, mit dem das Wort „Psyche" beginnt. Der Begriff wird sehr unscharf verwendet, etwa wenn alles Rätselhafte als „Psi-Phänomen" bezeichnet wird.

Psychedelisch *griech.: psyche;* Seele, *delos;* offenbar. Als p. bezeichnet man → Drogen, die eine stark veränderte Wahrnehmung, → Visionen und Halluzinationen auslösen. P. e Substanzen machen nicht süchtig wie z. B. Opiate, ihre Gefährlichkeit besteht eher darin, daß sie die Psyche zu schnell und zu vehement öffnen.

Lit.: Timothy Leary: Denn sie wußten, was sie tun. Basel 1986.

Psychische Selbstverteidigung → Magische Schutzmaßnahmen, die feindliche Wesenheiten, gezielte schwarzmagische Attacken und unbewußte negative

Einflüsse abwehren sollen. Abwehrzauber ist ein wichtiger Bestandteil der Volksmagie und findet sich in ländlichen Gebieten auch heute noch: Zeichen (wie Kreuz oder → Pentagramm) an den richtigen Stellen im Haus, Kräuterbüschel, Sprüche.

Darüber hinaus meint P. S. ein Bündel von Maßnahmen für den modernen Magier. Vor allem bestimmte → Visualisierungen werden oft empfohlen; z. B. die Vorstellung, man sei in eine Kugel aus goldenem Licht eingehüllt, oder man ziehe einen Flammenkreis um sich herum. Aus der Tradition des → Golden Dawn stammt das recht komplizierte „Pentagramm-Ritual", das speziell der P. n S. dient. Daneben werden auch eher traditionelle Mittel wie Räucherungen und Gebete eingesetzt.

Lit.:   *Dion Fortune: Selbstverteidigung mit Psi. Schwarzenburg 1979.*

Psychokinese Das Bewegen von Gegenständen ohne physische Einwirkung, allein „durch Geisteskraft". Diese unwahrscheinlich erscheinende Fähigkeit haben → Parapsychologen gut dokumentiert. → Physikalische Phänomene.

Lit.:   *Walter v. Lucadou: Psyche und Chaos. Freiburg 1989.*

Psychometrie Eine besondere Form des → Hellsehens, bei welcher der Hellseher ein Objekt in der Hand hält, das längere Zeit mit einer bestimmten Person in Kontakt war (z. B. ein Ring, ein Kleidungsstück) und dann Angaben über diese Person macht. Manche Hellseher sind dabei zu erstaunlich genauen Beschreibungen fähig. Man sagt dann oft, das Objekt habe die → Schwingungen der Person angenommen; diese nehme der Hellseher wahr.

Pyramiden P. faszinieren den Esoteriker in zweifacher Hinsicht: als Objekt historischer Spekulationen und als Gebrauchsgegenstand.

Ägypten galt schon im Altertum als führend in den → magischen Künsten; heute ist die Theorie populär, daß es seine Bedeutung einer „Entwicklungshilfe" von → Atlantern verdankte, die nach dem Untergang ihres Kontinents am Nil landeten. Da man den Atlantern aber die Fähigkeit nachsagt, die Schwerkraft mit → psychokinetischen Techniken teilweise aufzuheben, ist es nur noch ein kleiner Schritt zu der Vermutung, ähnliches wäre auch beim Bau der P. zur Anwendung gekommen. Mit konventionellen Mitteln sind manche der verwendeten Steinblöcke selbst heute noch schwer zu bewegen.

Manche Forscher meinen, die Erbauer der P. hätten durch deren Abmessungen Wissen für spätere Generationen in verschlüsselter Form mitgeteilt. Diese Vermutung verleitet dann meist zu hochkomplizierten Berechnungen, deren Ergebnis so lange zwingend erscheint, bis man die ebenso überzeugenden, nur leider abweichenden Ausführungen eines anderen „Pyramidologen" liest.

Wesentlich handfester, allerdings immer noch erstaunlich, sind Erfahrungen, die darauf hinweisen, daß es mit der *Form* der P. etwas Besonderes auf sich hat: Unter P. bleiben Lebensmittel länger frisch, Blumen verwelken langsamer, sogar Rasierklingen behalten ihre Schärfe länger. Pflanzen, die mit Wasser gegossen werden, das in einer P. gestanden hat, gedeihen besser. Bei Kranken, die unter einer P. sitzen, verläuft der Heilungsprozeß schneller, Meditierende berichten darunter von tiefem Frieden.

Dabei muß die P. nicht einmal aus einem „edlen" Material bestehen, auch Modelle aus Acrylglas oder sogar Pappe erfüllen ihren Zweck, solange sie die richtigen Proportionen haben und nach Norden ausgerichtet sind.

Um anstrengende physikalische Überlegungen zu vermeiden, haben sich die meisten Esoteriker darauf geeinigt, diese Wirkungen einer spezifischen Form von → Energie zuzuschreiben. Oder sie behaupten, die P. fungiere als ein Kollektor von → kosmischen Energien. Erklärt ist damit in Wahrheit nichts.

P. kommen jedenfalls in den verschiedensten Formen zur Anwendung: als dekorativer Energiekollektor in der Vitrine; als Lampe; als Drahtgestell, um darunter zu meditieren; und, wegen der konservierenden Wirkung, als umweltfreundliche Alternative zum Kühlschrank.

Lit.: Max Toth & Greg Nielsen: Pyramid Power. Freiburg 1989.

Q

Qi Gong Sprich „Tschi Gong". Altes chinesisches System von Gesundheitsübungen, das ebenso wie → Akupunktur und → Tai Chi den Fluß der kosmischen Energie → Chi im menschlichen Körper verbessern soll. Q. G. wird in China seit jeher weithin praktiziert und verbreitet sich seit einigen Jahren auch bei uns. → Energie.

Lit.: Josephine Zöller: Das Tao der Selbstheilung. München 1984.

Quantensprung Ein Ausdruck aus der Physik, der im → esoterischen Jargon als Metapher verwendet wird. Gemeint ist hier ein plötzlicher Prozeß der Umstrukturierung, wie ein Sprung von einem Niveau auf ein anderes. Ein Q. geschieht mit Vorliebe im Bewußtsein, und viele hoffen, daß die Menschheit als Ganzes einen ebensolchen vollzieht.

R

Radiästhesie *griech.;* Strahlenfühligkeit. Die Kunst, mit Hilfe von → Pendel und → Wünschelrute Informationen zu erlangen. Die Aufgabenstellungen können dabei sehr verschieden sein: etwa die Suche nach Wasser oder Edelmetallen im Boden, das Aufspüren von „Störzonen" in Wohnungen, von denen eine schädliche Wirkung auf die Gesundheit der Bewohner angenommen wird, die Diagnose von Krankheiten.

Schon der Name R. drückt aus, daß darunter eine Wahrnehmung von → Energien verstanden wird. Radiästhesisten benutzen meist ein ausgesprochen physikalisch klingendes Vokabular, sprechen von → Erdstrahlen, „Wellenlängen", „Netzgittern" etc.; darüber gerät leicht in Vergessenheit, daß eine physikalische Entsprechung zu diesen Begriffen noch nicht gefunden ist. Vielleicht vermitteln sie sogar eine falsche Vorstellung von dem, wonach man suchen müßte. Immerhin können manche Menschen mit Pendel und Wünschelrute auch rein → hellseherische Leistungen zuwegebringen, bei denen die Annahme einer spezifischen Strahlung sehr weit hergeholt erscheint. Es wäre also denkbar, daß auch die R. in diese Kategorie gehört.

Das „Meßgerät" ist auf jeden Fall der Mensch, und bei der Subjektivität des Verfahrens ist es nicht verwunderlich, wenn die „Mutungen" (wie die Messungen genannt werden) von verschiedenen Radiästhesisten nicht immer übereinstimmen. Dies mag zum Teil daran liegen, daß jeder Praktiker mit der Zeit seine eigene Terminologie entwickelt, so daß seine Aussage mit der eines anderen nur bedingt vergleichbar ist. Außerdem muß natürlich mit einer unterschiedlichen Begabung („Fühligkeit") gerechnet werden. Daß es auf diesem Gebiet nur wenig *wirkliche* Könner gibt, räumen viele Radiästhesisten ein – sich selbst rechnen sie allerdings immer dazu.

Lit.:   Tom Graves: Radiästhesie. Freiburg 1987.
H. L. König/H. D. Betz: Erdstrahlen? – Der Wünschelruten-Report. München 1989.

Rationalist Ein Mensch, der meint, er sei schon allein deshalb vernünftig, weil er alles Esoterische ablehnt. Was eine sehr unvernünftige Annahme ist. → Logik, → Skeptiker.

Reading *engl.;* Lesung. Aus dem Amerikanischen eingeschleppter Ausdruck für jede Art von medialer Diagnose oder Auskunft. Z. B. ist ein „Aura-R." eine Begutachtung der → Aura, ein „Tarot-R." das Ergebnis der Befragung von → Tarotkarten, ein „Past-Life-R." eine mediale Ermittlung von früheren → Inkarnationen. Dem Wort R. liegt der Gedanke zugrunde, daß der → Sensitive in solchen Fällen eine Information, die bereits gespeichert ist, sozusagen nur noch abliest. → Akasha.

Reiki *jap.;* universale Lebenskraft. Japanisches Heilsystem, bei dem durch Handauflegen, aber auch durch mentale Methoden Lebensenergie übertragen wird. Der R.-Schüler durchläuft ein System von stufenweisen → Einweihungen oder „Graden". Er kann es bis zum Großmeister bringen.
Lit.: Bodo Baginski & Shalila Sharamon: Reiki. Essen 1985.

Reinkarnation *lat.;* wörtl. Wiederfleischwerdung. Nach der Vorstellung von der „Wiedergeburt" verbindet sich eine Seele für die Dauer eines Lebens mit einem Körper, trennt sich nach dem Tode wieder von ihm, verbringt einige Zeit in einem rein seelischen Zustand, um dann wieder zu „inkarnieren" und den Zyklus von vorne zu beginnen.

Im Laufe der verschiedenen Leben findet ein Lernprozeß statt. Die Seele verändert sich durch die Erfahrungen jeder Inkarnation; beim Tod (→ Nahtod-Erfahrung) und danach (→ Jenseits) hat sie die Gelegenheit, diese Erfahrungen weiter zu verarbeiten, wobei ihr meist weiter entwickelte Seelen helfen.

Bei der Inkarnation werden dann die bewußten Erinnerungen an frühere Leben gelöscht, zumindest aber verdrängt und dadurch im allgemeinen unzugänglich; die bisherigen Erfahrungen spiegeln sich aber in den Eigenheiten und Qualitäten der Seele wider. Nach dieser Auffassung kommen Kinder keineswegs als „unbeschriebenes Blatt" auf die Welt, ihre Psychen unterscheiden sich aufgrund ihrer jeweiligen Entwicklungsgeschichte von vornherein.

Bei ihrer Entwicklung hat die Seele die natürliche Tendenz, ihren Horizont zu erweitern. Sie wird sich daher immer diejenigen Erfahrungen suchen, die sie gerade braucht, um einen bestimmten Aspekt der Existenz besser zu verstehen. Auf lange Sicht gleicht sie Extreme in einem Leben immer durch Gegengewichte in einem späteren aus (→ Karma).

Hat die Seele alles gelernt, was es für sie auf der materiellen Ebene zu lernen gibt, so inkarniert sie nicht mehr, sondern entwickelt sich im rein geistigen Zustand weiter. Die Hindus sagen dann, daß sie nicht mehr „an das Rad der Wiedergeburt geflochten ist", und sehen dies als erstrebenswerte Befreiung an. Allenfalls kann ein derart Erlöster noch einmal freiwillig als → Bodhisattva zurückkehren, um den Inkarnierten als Lehrer und Vorbild zu helfen.

Kritiker betrachten die Frage der R. als reine Glaubenssache, die sich empirischer Überprüfung völlig entzieht. Diese gängige Ansicht ist so aber nicht haltbar, denn:

1. Es gibt spontane Erinnerungen an ein früheres Leben. Ein Mensch hat bisweilen das sichere Gefühl, schon einmal als jemand anderer gelebt zu haben, und kann sich an Einzelheiten dieses Lebens erinnern. Solche Einzelheiten haben sich gelegentlich überprüfen und bestätigen lassen. Besonders genau hat dieses Phänomen Ian Stevenson bei Kindern dokumentiert: Ein Kind fängt in einem gewissen Alter (meist zwischen drei und sieben Jahren) an, von einem früheren Leben zu reden; wird es an den angeblichen Ort des Geschehens gebracht, so erkennt es alle Beteiligten, weiß ihre Namen und Spitznamen, findet sich in „seinem" früheren Haus zurecht, kann Ereignisse und Umstände „seines" früheren Lebens korrekt wiedergeben etc.

2. Umfangreiches Material existiert auch aus → Rückführungen in Hypnose oder tiefer Entspannung

(→ Reinkarnationstherapie). Erhält ein Hypnotisierter die Anweisung, „immer weiter in der Zeit zurückzugehen", so findet er sich häufig als eine andere Person in einer anderen Zeit. Gleichzeitig verändern sich seine Stimme, Sprechweise und Akzent, manchmal spricht er sogar eine fremde Sprache *in der archaischen Form* (→ Xenoglossie). Obwohl die persönlichen Erlebnisse von einst meist nicht in historischen Quellen dokumentiert sind, konnten vereinzelte Angaben doch schon verifiziert werden.

3. Statistische Anhaltspunkte für R. hat die amerikanische Psychologin Helen Wambach zusammengetragen: Sie „führte" gleich ganze Gruppen in Hypnose „zurück" und forderte ihre Versuchspersonen auf, in Erinnerungen an frühere Leben besonders auf die Umstände und Gegenstände des täglichen Lebens zu achten. Die große Zahl von Berichten, die auf diese Weise zusammenkam, ermöglichte es, Erinnerungen, die aus der gleichen Region und Zeit stammen sollten, miteinander und mit den bekannten historischen Fakten zu vergleichen. Tatsächlich ergaben sich zahlreiche Übereinstimmungen. (Besonders eindrucksvoll war die einheitliche, zutreffende Beschreibung einer kleinen Münze, die im Mittelmeerraum zwischen 500 v. Chr. und 25 n. Chr. im Umlauf war und heute nur noch Experten bekannt ist.)

Diese Ergebnisse widerlegen einige verbreitete Klischees zum Thema R. R.serinnerungen sind offenbar nicht immer wilde Phantasien, die auf Bruchstücken von in der Kindheit gehörten Geschichten und später gelesenen historischen Romanen aufbauen. Nicht jeder „Zurückgeführte" erlebt sich als Caesar, Schubert, die Schwester von Ramses II. oder sonst irgendeine bedeutende Persönlichkeit. Nicht alles, was da erzählt wird, ist empirisch völlig unüberprüfbar.

Eine grundsätzliche Schwierigkeit bleibt allerdings: Auch die spektakulärste Bestätigung kann immer nur belegen, daß ein Mensch des erinnerten Namens in der angegebenen Zeit unter den erinnerten Umständen am angegebenen Ort tatsächlich gelebt hat und daß ihm das widerfuhr, was der heutige Berichterstatter erzählt. Aber beweist dies, daß die damalige Person mit der heutigen identisch ist?

Subjektiv haben die Betreffenden daran nicht den geringsten Zweifel. Für den Außenstehenden wäre freilich auch eine andere Erklärung denkbar. Wissen um entfernte und vergangene Ereignisse ist schließlich bei vielen Formen der → außersinnlichen Wahrnehmung im Spiel; R. serinnerungen könnten demnach auch als ein Sonderfall des → Hellsehens, genauer der → Retrokognition aufgefaßt werden. Der „Erinnernde" hätte dann einfach kognitiven Zugang zum Leben einer anderen Person, mit der er sich identifiziert.

Die Idee der R. ist in der esoterischen Gemeinde heute unumstritten; hier könnte man nur noch mit der Behauptung Aufsehen erregen, man sei sicher, noch nie vorher gelebt zu haben. Diskutiert werden Einzelaspekte wie: Wechselt man von einer Inkarnation zur anderen das Geschlecht, und wenn ja, regelmäßig oder nicht? Wieviel Zeit vergeht zwischen den Inkarnationen, und hat sich dieser Abstand gegenüber früher verkürzt? Macht man zwischendurch „Abstecher" zu anderen Planeten? Über divergierende Ansichten regt sich dabei niemand auf, es herrscht offenbar Einigkeit darüber, daß die Feinheiten dieses Themas nicht leicht zu klären sind.

Weitgehend akzeptiert ist die Annahme, daß man in der Gegenwart noch an den Nachwirkungen früherer Erlebnisse zu leiden hat (→ R. stherapie). Manchmal wird sie so benutzt wie die „traumatische Kindheit" in der Psychoanalyse, als Begründung und Entschuldigung zugleich („Ich bin nur deshalb so eklig zu dir, weil ich im Mittelalter als Hexe verbrannt wurde").

Spontane Vorlieben und Abneigungen, Begabungen, die Neigung, immer wieder in bestimmte Länder zu fahren: all dies wird oft mit früheren Leben erklärt. Besonders stark fasziniert auch die Vorstellung, daß Menschen sich auf ihrem Weg durch die Inkarnationen immer wieder begegnen. Trifft man jemanden, der einem seltsam vertraut erscheint, so setzt bald ein lustvolles Rätselraten ein, wann man das letzte Mal mit ihm oder ihr zusammen war.

Der Glaube an die R. hat allerdings keineswegs nur angenehme Auswirkungen, wie oft behauptet wird. Zwar mildert er die Angst vor dem Tod beträchtlich; auch eröffnet er die Möglichkeit, daß man Aufgaben noch einmal angehen kann, an denen man „dieses Mal" gescheitert ist. Die Aussicht allerdings, sich für alles, was man jetzt tut, später verantworten zu müssen und vielleicht auch Menschen wieder zu treffen, die man auf keinen Fall noch einmal sehen möchte, ist gar nicht tröstlich.

Lit.: *Ian Currie: Niemand stirbt für alle Zeit. München 1979.*
   Ian Stevenson: Reinkarnation. Freiburg 1983.
   Helen Wambach: Seelenwanderung. München 1984.

Reinkarnationstherapie Wie die Psychoanalyse sucht auch die R. die Ursachen für psychische Probleme in der Vergangenheit, nur zieht sie dabei auch *vergangene Leben* in Betracht. Traumatische Erfahrungen, so wird angenommen, können bei einer Seele einen derart bleibenden Eindruck hinterlassen, daß sie noch in einer späteren → Inkarnation darauf reagiert, was in diesem Leben dann unangemessen ist und entsprechende Probleme bereitet.

In einer R. werden Patienten aufgefordert, in der Zeit zurückzugehen, bis sie auf eine Begebenheit stoßen, die mit ihren jetzigen Schwierigkeiten zusammenhängt. Diese „Rückführung" kann mit Hilfe von → Hypnose oder durch → Visualisierung in tiefem Entspannungszustand erfolgen.

Oft sehen die Patienten dabei Szenen vor sich, die weiter zurückliegen als ihre Geburt, und meist sind die Erlebnisse sehr schmerzlicher Natur. Der Zusammenhang zwischen dem derzeitigen Symptom und der alten Erfahrung liegt dabei meist klar zutage: So berichten z. B. Eßsüchtige von einem Leben voll Hunger, Phobiker erleben Situationen wieder, in denen ihre Angst gerechtfertigt war, Kopfschmerzpatienten erinnern sich, einst erschlagen worden zu sein.

Das neuerliche Durchleben des Traumas scheint nun den unbewußten Einfluß, den es seither auf die Psyche des Patienten ausübte, aufzulösen. Daneben hat es oft Auswirkungen auf seine sozialen Beziehungen; denn viele Patienten „erkennen" Menschen, die an der alten Erfahrung beteiligt waren als jemanden, mit dem sie auch in diesem Leben zusammen sind.

Die Frage, ob es sich dabei wirklich um Erinnerungen oder nur um Phantasien handelt, die einen bestehenden Konflikt dramatisieren, ist in den meisten Fällen nicht zu klären. Zwar haben sich schon oft Angaben aus solchen Berichten bestätigen lassen (→ Reinkarnation), für gewöhnlich werden aber eher private Erlebnisse und wenig historisch überprüfbare Fakten geschildert.

Auch haben Reinkarnationstherapeuten selten die Zeit, Nachforschungen anzustellen. Ihnen geht es in erster Linie um den therapeutischen Effekt, demgegenüber die Wahrheitsfindung in den Hintergrund tritt.

Lit.:   *Thorwald Dethlefsen: Das Erlebnis der Wiedergeburt. München 1976.*
        Harald Wiesendanger: Zurück in frühere Leben – Möglichkeiten der Reinkarnationstherapie. München 1991.

Retrokognition   Das → hellseherische Wissen um vergangene Ereignisse. → Akasha.

Rimpoche   Respektvolle Anrede für einen tibetischen Lama, also Priester. Wird dem Namen nachgestellt (z.B. Sogyal R.), so daß manche ihn für einen Familiennamen halten („der berühmte tibetische Lama R.").

Ritual   Eine Abfolge von kultischen Handlungen, die nach strengen Regeln immer gleich vollzogen werden, oft auch an einem dafür vorgesehenen Ort. Eröffnung und Abschluß des R.s heben es aus der alltäglichen Wirklichkeit heraus, seine Strukturen spiegeln die Ordnung des Kosmos wider. (So wird z.B. ein Kreis gezogen, die vier Himmelsrichtungen werden markiert.) Durch Beschwörung und Opfer wird Kontakt zu einer höheren Macht oder Gottheit gesucht, die das Ziel des R.s unterstützen oder herbeiführen soll.

R.e waren ursprünglich zweckgerichtete Handlungen und nicht bloße Feierlichkeiten zu Ehren einer Tradition. Man versprach sich von jedem R. eine ganz bestimmte Wirkung (z. B. Schutz, gute Ernte, Heilung) und versuchte, diese durch den optimalen Aufbau des R. s zu erreichen. Dieser Gedanke ist nur noch im → Schamanismus und in der → Magie lebendig.

Rosenkreuzer 1614 von dem Tübinger Theologen Johann Valentin Andreä gegründete „Bruderschaft", die sich auf einen legendären Gründer namens Christian Rosenkreutz berief und → hermetisches Gedankengut mit sozialreformerischen Ideen verknüpfte. Später bezeichneten sich mehrere neugegründete → Geheimgesellschaften als R., ohne aus der ursprünglichen Bruderschaft hervorgegangen zu sein. Auch heute beanspruchen mehrere Organisationen den Titel der „wahren" R.

Lit.: Johann Valentin Andreä: Die Bruderschaft der Rosenkreuzer. Köln 1984.

Roshi Respektvolle Anrede für den Meister im → Zen-Buddhismus. Wird dem Familiennamen nachgestellt, also z. B. Suzuki-Roshi.

Rückführung Das Auslösen von Erinnerungen aus früheren Leben. Kann im Rahmen einer → Reinkarnationstherapie, zur „Bewußtseinserweiterung" oder zur Befriedigung von Neugier geschehen.

Runen Heute allgemein als „germanische Buchstaben" betrachtet, waren R. ursprünglich eine Körperhaltung, zu der ein bestimmter Laut intoniert wurde (nach der heute gebräuchlichen indischen Terminologie also → Asana und → Mantra). Später wurden eine Vielzahl von alltäglichen Gebrauchsgegenständen in magischer

Absicht mit R. versehen (z. B. Schilde, Schwerter, Krüge); man ritzte sie in Stäbe und verwendete sie im → Orakel und → Ritual.

Infolge des Mißbrauchs, den die Nationalsozialisten mit den R. trieben, hat die esoterische Szene lange nichts von ihnen wissen wollen. Erst in letzter Zeit wächst das Interesse an R. wieder, wobei die Verwendung als Orakel im Vordergrund steht. Kritiker sehen darin oft eine Bestätigung für ihren Verdacht, die gesamte Esoterik sei „faschistoid". Das ist einer der Fehlschlüsse, die für die Diskussion über dieses Thema so bezeichnend sind (→ Logik): Wer faschistoid ist, mag sich zu R. hingezogen fühlen; daraus folgt jedoch keineswegs, daß jeder, der mit R. arbeitet, ein Rechtsradikaler ist.

Lit.:   Zoltan Szabo: Das Buch der Runen. München 1985.

S

Saint Germain   Comte de, berühmter Okkultist des 18. Jhs. (1710–1784), der nach seinem Tode zum → Aufgestiegenen Meister avanciert sein soll, jedenfalls nach Meinung der → Theosophen. Heute geben viele Medien an, S. G. zu „channeln". → Channeling.

Samadhi   Buddhistische Bezeichnung für den Zustand der → Erleuchtung. Wer „in S. ist", hat das kosmische Bewußtsein erlangt.

Samadhi-Tank   Ein von dem Amerikaner John Lilly entwickelter Tank, der alle Sinnesreize wie Licht und Klang vollkommen abschirmen soll (sensorische Deprivation). Man schwimmt darin nackt bei völliger Dunkelheit in einer konzentrierten Salzlösung; die dicken Wände schlucken alle Außengeräusche. Personen, die lange im S. T. liegen, berichten oft von lebhaften, beinahe halluzinatorischen inneren Bildern, von → außerkörperlichen Erfahrungen und vom Gefühl tiefer Ruhe. Ein narrensicheres Mittel zur Erleuchtung, wie der Name → „Samadhi" suggeriert, ist der Tank aber nicht.

Lit.: John Lilly: Das Zentrum des Zyklons. Frankfurt 1976.

Sanfte Verschwörung Deutsche Übersetzung des Begriffes *Aquarian Conspiracy,* der von der amerikanischen Journalistin Marylin Ferguson für die → New Age-Bewegung geprägt wurde und eigentlich „Die Verschwörung im Zeichen des Wassermannes" bedeutet. *Conspirare* heißt im Lateinischen wörtlich „zusammen atmen", worauf Ferguson ausdrücklich hinweist. Sie will damit klarmachen, daß New Age keine bewußte Geheimbündelei ist, sondern eine Bewegung von Menschen, die miteinander im Gleichklang sind. → Wassermann.

Lit.: Marylin Ferguson: Die sanfte Verschwörung. Basel 1982.

Sannyasin Im Hinduismus ursprünglich ein Mensch, der auf der Suche nach spiritueller Befreiung der Welt entsagt und in Armut und Keuschheit lebt. → Bhagwan Shree Rajneesh nannte seine vornehmlich westlichen Anhänger „Neo-S."; das „Neo" ging bald verloren, so daß im deutschen Raum S. gleichbedeutend mit „Anhänger Bhagwans" wurde. Der traditionelle Hindu muß dies als Provokation empfinden; denn bekanntlich war Entsagung und Ernsthaftigkeit das letzte, was Bhagwan lehrte.

168

Satanismus *hebr.: Satan;* Widersacher. Den Vorwurf, ein Anbeter des Teufels zu sein, hat die christliche Kirche schnell gegen jeden erhoben, der von den offiziellen Lehren abwich. Trotzdem ist S. keine bloße Erfindung der Inquisition.

Frühe Satanisten waren teils weltanschaulich motiviert (→ Gnosis), teils wandten sie sich direkt gegen die christliche Kirche. Manche Autoren meinen auch, beim → Hexenwesen habe es sich tatsächlich um einen Teufelskult gehandelt, wobei der „Teufel", der immer wieder in den Berichten vom „Hexensabbat" auftaucht, von einem verkleideten Mann dargestellt wurde.

Der spätere S. ist weitgehend eine Gegenveranstaltung zum Christentum. Das zeigt sich besonders in der „Schwarzen Messe". Dabei wird möglichst alles genau umgekehrt gemacht wie in den Messen der Kirche: Das Kreuz wird auf den Kopf gestellt, die Hostie entweiht, heilige Texte werden rückwärts rezitiert. Darüber hinaus wird alles aufgeboten, was für gewöhnlich als böse und ekelerregend gilt.

Ziel des S. war es immer, sich Macht und sinnlichen Genuß zu verschaffen. Als „ultimative Provokation" übt er leider wieder eine ziemliche Faszination auf Jugendliche aus.

Den S. der Esoterik zuzurechnen, wie es so oft geschieht, ist allerdings selbst ein ziemlich diabolisches Manöver. Hier lassen besonders die „Sektenbeauftragten" der Kirchen wieder unselige Traditionen aufleben. → Jugendliche und Okkultismus.

Lit.: Richard Cavendish: Die schwarze Magie. Frankfurt 1969.

Satori Im → Zen-Buddhismus die Bezeichnung für → Erleuchtung.

Schamane Jede Stammesgesellschaft hat mindestens eine Person, die als besonders begabt dafür gilt, mit Geistern, Göttern und Ahnen Kontakt aufzunehmen. Man hat sich angewöhnt, diese als Sch. n zu bezeichnen, obwohl der Name ursprünglich nur in Nordasien verwendet wurde.

In einer Gesellschaft, die jenseitige Mächte in so ziemlich jedem Geschehen wirken sieht, fallen dem Sch. n als „Jenseitsbeauftragten" eine Fülle von Aufgaben zu. Er stimmt die Götter gnädig, wehrt schädliche Einflüsse ab, holt sich Rat von den Ahnen, praktiziert → Hellsehen und → Orakel und nimmt Heilungen vor. Dabei versetzt er sich meist mit Hilfe von Gesängen, Trommeln, Rasseln und → Drogen in einen veränderten Bewußtseinszustand, in dem er auch kontrollierte geistige Exkursionen vornehmen kann (→ außerkörperliche Erfahrung).

Westliche Sucher sehen im Sch. n zu Recht den Urahn aller Spiritualität und → Magie, und das Interesse an seinen Techniken ist immer noch groß, obwohl eine erste „Schamanismuswelle" inzwischen abgeebbt ist. Wie so oft findet die Assimilation dieses Wissens aber sehr bruchstückhaft und oberflächlich statt.

Der amerikanische Anthropologe Michael Harner hat versucht, seine bei einem Stamm in Venezuela erworbenen Kenntnisse über den Schamanismus in eine Form zu bringen, die sich im Westen unterrichten läßt. Diese Methode hat große Ähnlichkeit mit modernen Psychotechniken und bringt meist „Workshop-Sch. n" hervor, die in einer traditionellen Stammeskultur wohl große Heiterkeit auslösen würden.

Überhaupt wird die Bezeichnung Sch. recht leichtfertig verliehen und in Anspruch genommen. Leute, die von sich behaupten, westliche Sch. n zu sein, sollten sorgfältig mit dem Original verglichen werden. → Magie, → Curandero, → Plastikschamane.

Lit.: *Mircea Eliade: Schamanismus und archaische Ekstasetechnik. Frankfurt 1975.*
Michael Harner: Der Weg des Schamanen. Interlaken 1982.

Schwingung Wichtiger Begriff des → esoterischen Jargons. Ein Ort, ein Gebäude oder ein Mensch kann eine „gute" oder „schlechte S." haben. Objekte oder Räume können die S. eines Menschen oder Ereignisses „speichern", so daß jemand, der sensitiv genug ist, sie später wahrnimmt (→ Psychometrie). Wer etwas → telepathisch erahnt, hat die S. des anderen „aufgenommen".

Sehr wichtig ist auch die „S. srate". Je höher sie bei einem Menschen liegt, desto spiritueller ist er. Meditieren, Fasten und Keuschheit erhöhen die S. srate; Sex, Alkohol, Süßigkeiten und Fleisch senken sie. Materie wird bei Erhöhung der S. srate → feinstofflich; auch sind → Geister deshalb unsichtbar, weil ihre S. srate über der für uns wahrnehmbaren liegt. Überhaupt hat alles auf der Welt seine spezifische S., alles schwingt (oder strahlt, so genau nimmt man das nicht).

Interessanterweise spielt das S. skonzept in modernen Versuchen, den Aufbau der Welt zu verstehen, durchaus eine Rolle (→ Hologramm); insofern mag der gegenwärtige Sprachgebrauch auf der richtigen Fährte sein. Solange man sich aber keinerlei Gedanken über die Natur (oder gar die Frequenz) der fraglichen S. macht, bleibt der Begriff nichts weiter als eine physikalisch klingende Redewendung, die etwas Unerklärtes verständlich erscheinen lassen soll.

Schwitzhütte Reinigungszeremonie der nordamerikanischen Indianer, die bei uns immer mehr Verbreitung findet.

Dabei wird über einer Grube in der Erde eine ziemlich kleine, an einen Iglu erinnernde Abdeckung errichtet. In der Grube, um welche die Teilnehmer kauern, werden dann im Feuer erhitzte Steine mit Wasser übergossen. Jeder Schritt dieser Prozedur ist durch rituelle Vorschriften genau geregelt; die S. wird von Gesängen und Anrufungen der Geister begleitet.

Scientology Von dem amerikanischen Science-Fiction-Autor Ron L. Hubbard gegründete Psycho-Sekte, die für sich den Status einer Kirche beansprucht.

Erklärtes Ziel der S. ist es, ihren Mitgliedern zu einem geläuterten Seelenzustand, „clear" genannt, zu verhelfen. Das soll hauptsächlich durch die Prozedur des „auditing" erreicht werden: dabei wird der zunächst „pre-cleare" Mensch einer ausführlichen Befragung unterzogen, bei der seine Reaktionen durch einen primitiven Galvanometer („E-Meter") überprüft werden. Auf diese Weise sollen unerwünschte Spuren aus früheren Inkarnationen gelöscht werden, die der „Clear"heit im Wege stehen.

Obwohl dieses Modell gewisse begriffliche Ähnlichkeiten mit anderen Schulungswegen aufweist, weigern sich die meisten Esoteriker vehement, die Scientologen zu den ihren zu rechnen. Dazu trägt ganz wesentlich deren Verhalten bei: ihr ausgeprägtes Streben nach Geld, Macht und Mitgliederzuwachs, ihre Vorliebe für verdeckte Operationen, ihre Tendenz, Kritiker massiv anzugreifen: all das macht es schwer, die S. als spirituelle Gruppierung ernst zu nehmen. → Sekte.

Séance Eine → spiritistische Sitzung, bei der versucht wird, Kontakt mit dem → Jenseits aufzunehmen. Dies kann mit Hilfe eines → Mediums geschehen oder durch Methoden, bei denen alle Teilnehmer mitwirken. → Gläserrücken und → Oui-ja-Brett.

Seelenwanderung → Reinkarnation.

Sekte Von ihren Gegnern werden spirituelle Gruppen schnell als S. bezeichnet; außerdem haben sie um so größere Chancen auf diesen Titel, je kleiner sie sind. Die Gruppe, der man selbst angehört, ist nie eine S.

Als ein brauchbares Kriterium eignet sich wohl das „sektiererische" Verhalten einer Organisation: Echte S. n grenzen sich deutlich von der Umwelt ab; ihre Mitglieder betrachten sich als alleinige Hüter der Wahrheit. Meist sind sie geistig auf die Worte des amtierenden → Gurus und/oder des Gründers beschränkt. Auf Weiterentwicklung der Lehre und auf Gedankenaustausch mit anderen Richtungen wird wenig Wert gelegt. Die Einheitlichkeit der Gruppe wird durch vielerlei Maßnahmen betont, sei es uniforme Kleidung, genormte Sprache (*„groupspeak"*), die Pflicht zu bestimmten Ritualen und Übungen zu festgelegten Zeiten etc. Viele S. n sind straff hierarchisch organisiert und verlangen Gehorsam der jeweils niedrigeren Ebene. Oft zeigen S. n auch ein ausgeprägtes Bedürfnis, ihre Mitgliederzahl zu erhöhen, und oft lassen sie einmal geworbene Mitglieder kaum noch ziehen, falls diese die Gruppe wieder verlassen wollen.

In manchen S. n ist der Anteil der Jugendlichen sehr hoch; es wäre aber falsch anzunehmen, S. n seien nur ein Jugendphänomen.

Von Gegnern der Esoterik werden S. n sehr ernstgenommen und als abschreckendes Beispiel für die ganze Richtung betrachtet. Der überwiegende Teil heutiger Esoterik-Konsumenten ist aber in keiner S. Mitglied.

Selbst Was die blaue Blume für die Romantik war, ist das S. in der humanistischen Psychologie und der Esoterik. Es gilt als das eigentliche Zentrum der Person, das wahre Wesen, mit dem der moderne Mensch meist im Laufe seiner Sozialisation den Kontakt verliert. Oft wird dem S. die *Persönlichkeit* gegenübergestellt, als eine durch äußere Erwartungen geprägte „Fassade", oder das beschränkte, ego-istische → Ego. Beide stehen, so meint man, der „Selbstfindung" oder „Selbstverwirklichung" im Wege, die in der humanistischen Psychologie den krönenden Abschluß aller Unternehmungen darstellt.

Selbstprüfung und Selbsterkenntnis sind in spirituellen Schulungswegen immer gefordert worden. Beides steht dort allerdings eher am Anfang, um die Voraussetzungen für einen Kontakt zu höheren Wirklichkeiten oder für segensreiches magisches Wirken zu schaffen. In den Absichtserklärungen der modernen Esoterik kommt der Begriff des S. fast so verläßlich vor wie das Amen in der Kirche. „Du wirst dein wahres Selbst entdecken" oder „wir werden lernen, ganz wir selbst zu sein" heißt es in ungezählten Ankündigungen von → Workshops. → Höheres Selbst.

Sensitiver Person, die zu → paranormalen Leistungen imstande ist, etwa → Telepathie, → Hellsehen oder → Präkognition. Oft wird der Begriff S. austauschbar mit → Medium verwendet. Das liegt insofern nahe, als

S. häufig auch mediale Fähigkeiten zeigen. Die → Parapsychologie hat die Leistungen von Sensitiven eingehend untersucht und dokumentiert.

Seth 1. der Name einer ägyptischen Gottheit. 2. Name einer Wesenheit, von der die mediale Schriftstellerin Jane Roberts in Trance umfangreiche Texte empfing. Die „Seth-Bücher" sind inzwischen aus der esoterischen Literatur nicht mehr wegzudenken. → Channeling.

Lit.: Jane Roberts: Gespräche mit Seth. München 1990.
Dies.: Die Natur der persönlichen Realität. Genf 1988.
Dies.: Die Natur der Psyche. München 1989.
Dies.: Individuum und Massenschicksal. München 1991.
Dies.: Das Seth-Material. Genf 1989.

Silva Mind Control Ein von dem Texaner José Silva entwickeltes Bewußtseinstraining, das interessante Parallelen zu traditionellen magischen Methoden aufweist. In der S. M. C. lernt der Übende, einen leichten Zustand der → Trance herbeizuführen, um dann → paranormale Leistungen zu vollbringen, etwa → Hellsehen und → Fernheilung.

Lit.: José Silva & Philip Miele: Silva Mind Control. München 1989.

Skeptiker *griech.: skepsis;* Betrachtung, Überlegung. In der Alltagssprache bezeichnet dieses Wort einen Zweifler; wenn sich aber jemand in der Diskussion um Esoterik als S. einstuft, haben wir es zumeist mit einem „Ablehner" zu tun, der eben *keinen* Zweifel mehr hat, daß die ganze Sache Unsinn ist. S. zu werden ist einfach: man muß nur die Mehrheitsmeinung übernehmen. Um S. zu bleiben, sind einige Maßnahmen erforderlich. So wird's gemacht:

1. Der S. befaßt sich nicht mit „diesem ganzen Quatsch". Das schützt ihn vor einer manchmal überwältigenden Fülle von Fakten und Fallbeispielen, die seiner Überzeugung gefährlich werden könnten. Idealerweise kann sich der S. gar nicht vorstellen, daß es auf diesem Gebiet überhaupt so etwas wie Fakten geben könnte. 2. Wird der S. doch einmal mit etwas konfrontiert, das seinen Unglauben erschüttern könnte, stehen mehrere Abwehrmanöver zur Verfügung. a) Er zweifelt die Glaubwürdigkeit aller Berichterstatter an. b) Er entwickelt sofort eine Vermutung, wie das rätselhafte Geschehen zustande gekommen sein *könnte*, und überprüft diese Hypothese dann *nicht*. Gummibegriffe mit wissenschaftlichem Klang sind bei der Formulierung solcher Erklärungen sehr hilfreich: Koinzidenz, Suggestion, Placebo-Effekt, Unterbewußtsein etc. c) Der S. zitiert die Äußerung eines Professors, der so etwas auch nicht für möglich hält. d) Er fordert wissenschaftliche Beweise und hält alles für widerlegt, solange diese Beweise nicht erbracht werden. Ob die Wissenschaft das Thema überhaupt schon untersucht hat, spielt dabei keine Rolle. Im übrigen hält der S. jeden Wissenschaftler für dubios, der sich mit solchen Sachen beschäftigt. Die Gefahr, daß einmal *befriedigende* Beweise vorliegen, ist also gering.

Sonnenzeichen In der → Astrologie dasjenige → Tierkreiszeichen, in dem die Sonne zum Zeitpunkt der Geburt eines Menschen steht – umgangssprachlich „Sternzeichen" genannt. Da die Sonne die Persönlichkeit repräsentiert, halten Astrologen das S. für sehr wichtig. Sie werden aber nicht müde zu betonen, daß man Menschen des gleichen S. s nicht über einen Kamm scheren darf, da diese sich in anderen Faktoren des Geburtshoroskopes stark unterscheiden können (→ Horoskop).

Spiritismus Lehre von der Unsterblichkeit der Seele und dem Verkehr mit der Geisterwelt.

Der Beginn des modernen S. wird meist auf das Jahr 1847 angesetzt, als zwei Töchter einer Familie Fox in Hydesville, USA, auf die Idee kamen, mit einem in ihrem Haus tätigen → Poltergeist direkte Verbindung aufzunehmen. Da der Geist Klopfgeräusche erzeugte, vereinbarten sie mit ihm einen Buchstabencode, durch den er sich mitteilen konnte. Das Beispiel der Geschwister Fox machte Schule; der S. wuchs sich eine Zeitlang zu einer regelrechten Massenbewegung aus, die auch in England und Europa um sich griff. Es entwickelten sich Formen und Techniken, die noch heute praktiziert werden: die → Séance, bei der sich eine kleine Gruppe um ein → Medium schart, das den → Jenseitskontakt herstellt; und das kollektive Kommunizieren einer Gruppe durch → Gläserrücken, → Oui-ja-Brett oder → Planchette. Zunächst stand bei diesen Aktivitäten einfach der Reiz des Mysteriösen im Vordergrund. Allmählich entwickelte sich der S. aber auch zur Weltanschauung, wozu besonders die Werke des französischen Arztes Hippolyte Rivail (1804–1869) beitrugen. (Er schrieb unter dem Pseudonym „Allan Kardec".)

Einige Forscher versuchten, die beim S. auftretenden Phänomene systematisch zu untersuchen, was wesentlich zur Entstehung der → Parapsychologie beigetragen hat. Die Mehrheit der Wissenschaftler reagierte aber ablehnend. Allerdings kam es immer wieder vor, daß einer von ihnen auszog, die ganze Sache als Schwindel zu entlarven – und sie dann doch bestätigen mußte.

Erst im vorigen Jahrhundert und nur in unserer Kultur konnte der S. überhaupt solche Kontroversen auslösen; denn was er annimmt, glaubt selbst heute noch der überwiegende Teil der Menschheit: die Seele ist unsterblich, nach dem Tod löst sie sich vom Körper und lebt in einem Zustand, den man → Jenseits nennen kann. Es ist den Lebenden, genauer gesagt den → Inkarnierten, möglich, mit den Seelen Verstorbener zu kommunizieren, und dies kann für alle Beteiligten hilfreich sein.

In über einem Jahrhundert Praxis haben Spiritisten unzählige Fallbeispiele zusammengetragen, die ihrer Meinung nach beweisen, daß es ein → Leben nach dem Tode gibt. So können → Medien sehr oft Informationen übermitteln, von denen allem Anschein nach nur der Verstorbene und ein Lebender Kenntnis hatte (z. B. private Kosenamen, kleine Geheimnisse etc.). In manchen Fällen konnte offenbar niemand außer dem Verstorbenen über bestimmte Informationen verfügen; erst aufgrund der medialen Mitteilung wurden die betreffenden Informationen überprüft – und bestätigt (z. B. über den Ort, an dem ein Testament versteckt war). Oft nehmen Medien bei der Übermittlung den Tonfall und die Ausdrucksweise des Verstorbenen an.

So überzeugend dies auf die Beteiligten wirkt, als Beweis läßt es sich leicht zerpflücken. Man kann immer → Telepathie oder → Hellsehen auf seiten des Mediums annehmen. Psychologen und auch manche Parapsychologen sind davon überzeugt, daß es sich bei den Botschaften um Äußerungen von abgespaltenen „Teilpersönlichkeiten" des Mediums handelt (die dann allerdings über beachtliche Fähigkeiten verfügen würden). → Geist.

Eine andere Kritik am S. zieht nicht die unabhängige Existenz der Seele in Zweifel, sondern fragt, ob es *sinnvoll* ist, mit den Toten zu kommunizieren. Seelen, so lautet dieses Argument, die nichts Besseres zu tun haben, als mit uns zu reden, werden nicht weiter entwickelt sein als wir. Es sei daher verfehlt, sich mit ihnen abzugeben und damit womöglich noch das Risiko der → Besessenheit einzugehen (→ Jugendliche und Okkultismus).

Auch viele Medien warnen davor, alles als „höher" zu betrachten, was „von drüben" kommt. Allerdings sehen sie doch auch sinnvolle Aspekte des Verkehrs mit der Geisterwelt: die Aufarbeitung von unerledigten Angelegenheiten mit Verstorbenen, die Behandlung von (psychischen oder körperlichen) Problemen, die durch unerwünschte Einmischung Verstorbener entstehen, und schließlich die Belehrung von verwirrten Seelen, die sich über ihren Tod noch nicht im klaren sind.

Ein spiritistisches Phänomen ist auch das Übermitteln von langen Botschaften allgemeiner Natur im → Channeling. Allerdings haben viele „Channels" nichts mit S. zu tun gehabt, bevor sie zum Sprachrohr einer „Wesenheit" wurden.

Lit.: Allan Kardec: Das Buch der Geister. Freiburg 1989.
Ders.: Das Buch der Medien. Freiburg 1987.

Spiritualität Religion und Esoterik betrachten den Menschen als „Wanderer zwischen zwei Welten", der zeitlosen Welt des Geistigen und → Übersinnlichen und der zeitgebundenen, „dreidimensionalen" Welt der Materie. S. bedeutet die Ausrichtung des Lebens auf das Geistige hin. Insofern ist sie keine Lehre oder Ideologie, sondern eine Grundhaltung.

In der gegenwärtigen Esoterikszene werden allerdings oft einfach gewisse Aktivitäten und Vorlieben als „spirituell" eingestuft; das macht es dann leichter, S. zu verwirklichen: Man muß nur das Richtige tun und lassen. Der spirituelle Mensch ißt z. B. kein Fleisch, sieht nicht fern, geht nicht auf den Fußballplatz; statt dessen meditiert er, liest spirituelle Literatur und hört möglichst sanfte „New Age-Musik". Faktisch handelt es sich hierbei nicht um S., sondern um einen gruppenspezifischen Verhaltenskodex.

Spiritueller Supermarkt Abfällig gemeinte Bezeichnung für den modernen Umgang mit Spiritualität. Der Vergleich ist durchaus treffend: Ein breitgefächertes Angebot aus verschiedensten Kulturen und Disziplinen wird öffentlich angeboten; die Bücher, Kurse, Vorträge, → Workshops und Räucherstäbchen müssen bezahlt werden; der „Kunde" hat die freie Wahl, die nur durch seine finanziellen Mittel begrenzt wird.

Wer auf dem S. S. in mehr als nur ein Regal hineingreift, entfernt sich natürlich vom klassischen Schulungsweg früherer Zeiten. Diesen Umstand führen paradoxerweise Kritiker ins Feld, die von Esoterik ohnehin nichts halten. Ihre Position läßt sich dann so zusammenfassen: 1. Esoterik ist Quatsch, 2. Wer sich mit ihr beschäftigt, sollte das auf keinen Fall oberflächlich tun und muß sich an den höchsten Idealen vergangener Zeiten orientieren.

Spuk Phänomene, bei denen Phantomgestalten erscheinen, unerklärliche Geräusche ertönen, Gegenstände ohne erkennbare Ursache bewegt werden und spontane Brände ausbrechen können. S. fälle werden für gewöhnlich ins Reich der Fabel verwiesen, sind aber durch zahllose Zeugenaussagen, neuerdings auch durch Bild-, Ton- und Filmaufnahmen so umfangreich dokumentiert, daß an ihrer Faktizität kein Zweifel bestehen kann.

Eine andere Frage ist die Erklärung des Geschehens. → Parapsychologen, die sich dem S. phänomen ausgiebig gewidmet haben, deuten es in der Regel als Auswirkung der psychischen Energien von Anwesenden, wobei sie darauf hinweisen, daß S. oft in der Umgebung von Jugendlichen am Anfang der Pubertät vorkommt.

Dieser „animistische" Ansatz gerät allerdings in Schwierigkeiten, wenn der S. an einen bestimmten *Ort* gebunden ist, was sehr häufig vorkommt. → Medien gelingt es gelegentlich, an solchen Orten Kontakt mit der Seele eines Verstorbenen herzustellen, der dann meist von einem traumatischen Tod an dieser Stelle berichtet. Nach einem solchen „Dialog" hört der S. oft auf. Dies paßt besser zur Ansicht der → Spiritisten, die S. als Auswirkung einer → erdgebundenen Seele interpretieren, welche die Lebenden auf einen ungelösten Konflikt aufmerksam machen will.

Lit.: Hans Bender: Parapsychologie. Frankfurt 1976.

Star People Sozusagen eine Unterabteilung der Freunde der → Außerirdischen. *Star People* fühlen sich als Seelen, die aus der Tiefe des Raumes gekommen sind und einen menschlichen Körper übernommen haben, um dem Planeten Terra bei der Lösung seiner derzeitigen Probleme beizustehen. → Walk-In.

Steiner Rudolf, deutscher Philosoph und Okkultist (1861–1925). St. studierte Philosophie und betätigte sich danach zunächst als Goethe-Forscher. 1897 trat er der → Theosophischen Gesellschaft bei, deren Deutscher Generalsekretär er wurde. 1913 trennte er sich von den Theosophen und gründete seine eigene Bewegung, die → Anthroposophie. Daneben war St. Mitglied in mehreren okkulten → Geheimgesellschaften.

Sterbeforschung Systematische Erforschung der Vorgänge an der Schwelle zum Tode, speziell von → Nahtod-Erfahrungen. → Leben nach dem Tode.

Strahlung Ein der Physik entlehnter Begriff, der gerne zur Anwendung kommt, wenn man → paranormale, wissenschaftlich noch nicht geklärte Phänomene auf eine wissenschaftlich klingende Weise zu beschreiben versucht. Stellt jemand z.B. die Fähigkeit zur → außersinnlichen Wahrnehmung unter Beweis, so kann man hypothetisieren, er habe eine „noch unbekannte Form von St." empfangen. So verfahren Esoteriker etwa bei der Annahme von → Erdstrahlen.

Erschwerend kommt bei solchen Pseudoerklärungen hinzu, daß oft nicht klar zwischen St. und → Schwingung unterschieden wird.

Sufis Allgemein als „die Mystiker des Islam" bezeichnet, was vermutlich nicht die ganze Wahrheit ist, denn es gibt Hinweise darauf, daß die Tradition der S. schon vor Mohammed bestand. Auf jeden Fall entfalteten sie im Islam ihre ausgedehntesten und sichtbarsten Aktivitäten. Die berühmtesten S. waren allesamt Muslime: etwa Dschallaludin Rumi, Ibn Arabi oder Al Ghasali.

Trotzdem übten die S. einen beträchtlichen Einfluß auf das geistige Leben des Abendlandes aus, was auch durch die maurische Besetzung Spaniens erleichtert wurde. Bei erstaunlich vielen historischen Persönlichkeiten lassen sich Berührungen mit dem Gedankengut der S. nachweisen (z. B. Franz von Assisi, Roger Bacon, Dante), und Elemente ihrer Tradition finden sich u. a. bei den Troubadouren, den → Freimaurern, den → Rosenkreuzern und im → Hexenkult.

Die → Mystik der S. ist disziplinierter und weniger ekstatisch als die anderer Schulen. Gelegentliche Durchbrüche zum kosmischen Bewußtsein gelten bei ihnen nur als Vorstufe der → Erleuchtung, ihr Ziel ist ein konstanter Zustand der absoluten Klarheit. Auch halten sie nichts davon, der Welt zu entsagen und sich aus dem tätigen gesellschaftlichen Leben zurückzuziehen.

S. sind traditionell in → Orden organisiert, die sich auf verschiedene Gründer berufen und deren Praxis sich stark voneinander unterscheiden kann. Auch im Westen sind zur Zeit die unterschiedlichsten Richtungen vertreten: Manche versuchen, den spezifisch islamischen Rahmen herzustellen, in dem die S. ihre größte Entfaltung gefunden haben; andere streben eine Spiritualität an, die den inneren Kern aller Religionen herausarbeitet und die zwar die überlieferten Techniken, aber nicht immer die überlieferten Formen hochhält.
→ Derwisch, → Gurdjieff.

Lit.: Idries Shah: Die Sufis. Köln 1981.
Ernest Scott: Die Geheimnisträger. München 1989.
Pir Vilayat Khan: Der Ruf des Derwisch. Essen 1982.

Swami Im Hinduismus ein spiritueller Lehrer oder → Adept. In Deutschland ist S. besonders als Anrede der männlichen Anhänger von → Bhagwan Shree Rajneesh bekannt geworden. (Die Anrede für Frauen lautet „Ma".) Um ein solcher „Adept" zu werden, mußte man allerdings nichts weiter tun, als Bhagwans Organisation beizutreten.

Symbol Bildliche Darstellung einer Idee oder eines Prinzips. Das S. steht für etwas, das mit dem analytischen Verstand allein nicht zu erfassen ist und sich der vollständigen Beschreibung entzieht. Da sich die Esoterik mit ebensolchen Zusammenhängen befaßt, wimmelt es in ihr von S. en. Sie können sehr abstrakt sein – z. B. wenn im Hinduismus die → Elemente durch geometrische Figuren symbolisiert werden (Erde – gelbes Quadrat, Wasser – silberner Halbmond, Feuer – rotes Dreieck, Luft – blaues Sechseck, Äther – schwarzes Ei) – oder sehr anschaulich, z. B. wenn ein Turm, der von einem Blitz getroffen wird, den göttlichen Zeugungsakt darstellt (eine Auslegung der Karte XVI, „Der Turm" im → Tarot).

In gewissem Sinne können auch alle → Mythen symbolisch aufgefaßt werden; esoterische Lehren machen aber darüber hinaus genaue Angaben, in welcher Beziehung die durch S. e bezeichneten Kräfte zueinander stehen. So beschreibt etwa die → Astrologie detailliert das Zusammenspiel von Prinzipien, die durch → Planeten und → Tierkreiszeichen symbolisiert werden. Auch → Kabbala und → Tarot stellen solche geordneten Systeme von S. en dar, welche die Grundkräfte des Universums und ihren Zusammenhang wiedergeben sollen.

In → Ritualen wird extensiv von S. en Gebrauch gemacht: Die Adlerfeder symbolisiert den Großen Geist, die Hostie den Leib Christi, der Schlangenstab die Kraft der Erde usw. Allerdings ist diese Art von Zusammenhang stärker, als unser moderner Gebrauch des Wortes vermuten läßt (da heißt „rein symbolisch" soviel wie „nicht wirklich"). Die Verbindung von S. und Symbolisiertem wird als sehr konkret und real wirksam aufgefaßt. Wer also in diesem Sinne symbolisch handelt, muß genau darauf achten, was er tut.

Lit.: *Hans Biedermann: Knaurs Lexikon der Symbole. München 1989.*

Synchronizität *griech.;* Gleichzeitigkeit. Ein von dem Psychoanalytiker C. G. → Jung und dem Physiker Wolfgang Pauli entwickelter Begriff, der das Prinzip des „sinnvollen Zufalls" bezeichnet: Ereignisse fallen zeitlich zusammen, die in einer inneren Beziehung zueinander stehen, aber nicht ursächlich miteinander verknüpft sind. Man liest z. B. ein Buch, dreht zwischendurch das Radio an – und hört einen Sprecher den gleichen Text vorlesen; die Briefe von zwei Freunden, die sich aus den Augen verloren haben, treffen am gleichen Tag bei einem gemeinsamen Bekannten ein usw. Das Konzept der S. nimmt eine dem Menschen verborgene, nicht-kausale Ordnung in der Welt an, die den Sinn im Zufall liefert; damit stellt es geradezu eine Neuformulierung alter esoterischer Vorstellungen dar. Ähnliche Annahmen sind auch nötig, um → Orakel für sinnvoll zu halten.

Lit.: *Carl G. Jung und Wolfgang Pauli: Naturerklärung und Psyche. Zürich 1952.*
Wilhelm von Scholz: Der Zufall und das Schicksal. Freiburg 1983.

T

Tabula Smaragdina *lat.;* die smaragdene Tafel. Darf in Deutschland nie unerwähnt bleiben, wenn erklärt wird, was Esoterik ist. Auf einer Tafel aus Smaragd soll der legendäre Hermes Trismegistos die Grundsätze der Esoterik festgelegt haben. Der bis zum Überdruß zitierte Kernsatz lautet: „Wie oben, so unten". Die wirkliche Quellenlage ist viel verwickelter und ein interessantes Thema für Historiker des Okkulten. → Hermetik.
Lit.: Horst Miers: Lexikon des Geheimwissens. München 1976.

Tai Chi Aus China stammende Übungsform, bei der genau festgelegte Folgen von langsamen und fließenden Bewegungen ausgeführt werden. Der Übende ist dabei immer in Bewegung und im Gleichgewicht. Wie andere chinesische Methoden soll auch T. Ch. den Fluß der Lebensenergie → Chi im Körper verbessern. Der Übende merkt dies an einem Zustand wacher, konzentrierter Ruhe, verbesserter motorischer Koordination und geschärfter Wahrnehmung. Die beim T. Ch. ausgeführten Bewegungen stammen aus einer Form des waffenlosen Kampfes und können, schnell ausgeführt, auch zur Selbstverteidigung eingesetzt werden. T. Ch. wird manchmal „Schattenboxen" genannt.
Lit.: Da Liu: Tai Chi und Meditation. München 1989.

Talisman Ein Gegenstand, der seinem Träger durch magische Wirkung Glück bringen soll. (Im Gegensatz dazu soll ein → Amulett Unglück abwehren.) T. e werden oft durch Beschriftungen oder Symbole mit einer Gottheit oder Macht in Verbindung gebracht, welche als die eigentliche Quelle des Glücks gilt. → Magie.

Tantra Buddhistische und hinduistische Bewegung, die im Westen hauptsächlich durch ihre sexualmagischen Praktiken bekannt wurde. Den Gedanken, daß die Vereinigung des männlichen und des weiblichen Prinzips im Ritual auch ganz wörtlich genommen werden kann, hat die westliche Esoterikszene jedenfalls dankbar begrüßt. Wie meistens wurden auch hier einige Elemente der Tradition aufgegriffen und zu einer Mischung verarbeitet, die sich in → Workshops praktizieren läßt. Die meisten angebotenen T.gruppen wären mit dem Titel „Sexualität und Selbsterfahrung" treffender beschrieben.

Lit.: Ashley Thirleby: Das Tantra der Liebe. Frankfurt 1982.

Tao Im Chinesischen der Weg, das göttliche Gesetz, dem alles im Kosmos folgt. Es kann sprachlich nicht genau definiert werden, was sich in dem bekannten Satz niederschlägt: „Das Tao, das beschrieben werden kann, ist nicht das wirkliche Tao." Trotzdem wurde, wie so oft, auch hier über das Unsagbare viel gesagt. Der älteste Text wird dem chinesischen Weisen Lao-Tse zugeschrieben und entstand etwa 300 v.Chr. In jüngster Zeit ist es Mode geworden, jeden östlichen oder spirituellen Ansatz als T. zu bezeichnen (z.B. „Das T. der Physik", „Das T. der Selbstheilung" etc.).

Lit.: Lao-Tse: Tao-te-King. Köln 1978.
Allan Watts: Der Lauf des Wassers. Bern 1977.

Tarot Ein Satz von Karten mit symbolischen Darstellungen, die in Europa erstmals im Mittelalter auftauchten, gemeinsam mit den Zigeunern. Über den Ursprung der Karten wie den des Namens T. gibt es zahlreiche einander widersprechende Theorien. Die Bilder selbst weisen auf indische Religionen hin, deren höchste Gottheit weiblich war. Das mag einer der Gründe gewesen sein, warum das T. von Anfang an von der christlichen Kirche als Teufelswerk gebrandmarkt wurde.

In Asien war es seit jeher Brauch, religiöse Inhalte durch Schauspiele und „lebende Bilder" zu veranschaulichen, bei denen Menschen Götter darstellen (→ Mysterienkult); für diejenigen, die dem Schauspiel nicht beiwohnen konnten, wurden ersatzweise Bilder angefertigt.

Vermutlich ist das T. ein Abkömmling dieser Tradition. 22 seiner Karten, die „Großen Arkana" (Geheimnisse), zeigen symbolträchtige, → archetypische Bilder, die die Phantasie beflügeln: Göttinnen, Priester, der Magier, der Narr, der Tod u. v. a. Daneben existieren 56 Karten, die in vier Gruppen unter jeweils einem Symbol zusammengefaßt sind: Schwerter, Stäbe, Kelche, Münzen oder Schilder. Diese „Kleinen Arkana" sind die Vorläufer unserer heutigen Spielkarten mit ihren vier Farben.

Die Großen Arkana ergeben, in der Reihenfolge ihrer Numerierung aneinandergereiht, einen typischen Einweihungsweg mit verschiedenen Stationen, wie man ihn von Mysterienkulten kennt. Eine sehr viel spätere Systematik, die auf den → Golden Dawn zurückgeht, ordnet sie Positionen im kabbalistischen → Lebensbaum zu.

Als → Orakel ist das T. heute sehr beliebt. Man benutzt es, um die Ursachen einer gegenwärtigen Situation auszuloten und Ausblicke auf zukünftige Entwicklungen zu erhaschen. Der komplizierte mythologische Hintergrund der Bildmotive interessiert dabei weniger, die Deutung erfolgt oft ausgesprochen psychologisch:

„Betrachte die Karte und fühle, was sie dir sagen will."

Es gibt viele verschiedene T. versionen, alte und neue, die in Einzelheiten voneinander abweichen. Die Literatur zum Thema ist umfangreich, ebenso das Angebot an Kursen und Einzelberatungen. Auch wer sich nicht zu den Spezialisten rechnet, ist meistens über die Grundzüge der Methode informiert. Ein Satz T. karten darf jedenfalls in keinem esoterischen Haushalt fehlen.

Lit.: Barbara Walker: Die Geheimnisse des Tarot. Südergellersen 1985.

Telekinese → Parapsychologischer Ausdruck für das Bewegen von Gegenständen, das mit den Mitteln der gegenwärtigen Physik nicht erklärt werden kann. Wird oft auch → Psychokinese genannt, obwohl damit genaugenommen nur das willentliche Bewegen auf Distanz gemeint ist. → Physikalische Phänomene.

Telepathie Das Wissen um die Gedanken und Gefühle eines nicht Anwesenden, auch „Gedankenlesen" oder „Gedankenübertragung" genannt. T. tritt spontan häufig zwischen Menschen auf, die einander nahestehen und von denen sich einer in Gefahr befindet. Es läßt sich aber auch zeigen, daß wir im Alltag, ohne es zu wissen, oft physiologisch mit Nahestehenden im Einklang sind. Ein extremes Beispiel für eine solche Verbindung sind eineiige Zwillinge, die getrennt aufwachsen und deren Leben sich doch manchmal bis in nebensächliche Details gleicht.

T. ist ein bevorzugter Forschungsgegenstand der → Parapsychologie, schon deshalb, weil sie sich gut im Experiment untersuchen läßt. Bekannt sind die Kartenversuche von J. B. Rhine. Dabei werden einer Versuchsperson Karten in Zufallsfolge vorgelegt, die eine zweite erraten soll. Nach diesem Prinzip wurden zahlreiche Versuche durchgeführt, wobei sich mit den herkömmlichen Mitteln der Statistik nachweisen ließ, daß T. tatsächlich stattfindet.

Wirklichkeitsnäher verliefen die Untersuchungen von T. im Traum, z. B. von Montague Ullmann und Stanley Krippner. Die Versuchsperson lag dabei in einem „Schlaflaboratorium", in dem sich feststellen ließ, wann sie zu träumen anfing. In diesem Moment konzentrierte sich eine andere Person auf eine bestimmte, zufällig ausgewählte Bildvorlage. Nach Ende des Traumes wurde der Schläfer geweckt und erzählte seinen Traum. Es fanden sich häufig deutliche Übereinstimmungen zwischen Bild und Traum, die sich auf den Aufbau, auf inhaltliche Motive oder die Gesamtstimmung des Bildes beziehen konnten.

Wie auch aus diesen Versuchen deutlich wird, denkt man bei T. meist an einen „Sender" und „Empfänger", wobei höchstens noch darüber diskutiert wird, wer der aktivere ist – vielleicht betreibt der Empfänger ja eine Art „psychisches Radar". Erst in jüngster Zeit werden Erklärungen erwogen, die nicht die Radiotechnik als Analogie nehmen (→ Hologramm).

Lit.: Russel Targ: Jeder hat den sechsten Sinn. Köln 1977.

Thanatologie Andere Bezeichnung für → Sterbeforschung.

Theosophie *griech.;* Gottesweisheit. Ursprünglich eine Lehre, die das Göttliche auf dem Weg der direkten inneren Erkenntnis zu verstehen sucht. Als Th. wurden

→ Gnosis, Neuplatonismus und auch → Kabbala bezeichnet.

Heute wird unter Th. meist das System der 1875 von Helena Blavatsky gegründeten „Theosophischen Gesellschaft" verstanden. Sie versuchte, jene „geheime Doktrin" herauszuarbeiten, die allen Religionen zugrunde liegt. Daraus ergab sich eine eigentümliche Mischung aus westlichen und östlichen Elementen, welche die moderne Esoterik bis heute beeinflußt. Besonders die theosophische Vorstellung von der → Reinkarnation und die Annahme von → Meistern, die die Geschicke der Menschheit lenken, sind so weit verbreitet, daß man sie meist nicht mehr als spezifisch theosophisch empfindet.

Die Theosophen haben zahlreiche Gesellschaften in der ganzen Welt begründet, wobei es auch oft zu Abspaltungen und Neugründungen kam. Deren bekannteste ist die → Anthroposophie.

Lit.:   Helena Blavatsky: Schlüssel zur Theosophie. Graz 1969.

Tierkreiszeichen   Einer von zwölf gleich großen Himmelssektoren auf der Ekliptik, der scheinbaren Bahn der Sonne am Sternenhimmel. Die T. tragen den Namen eines Sternbildes, das zu der Zeit, als unsere → Astrologie entwickelt wurde, in dem betreffenden Sektor stand. (Daher stammt der Begriff „Sternzeichen".) Der Punkt am Himmelsäquator, an dem sich die Sonne zur Frühjahrs-Tagundnachtgleiche befindet (der „Frühlingspunkt"), markiert den Anfang des Tierkreises und des T.s Widder.

Infolge astronomischer Gesetzmäßigkeiten stehen die Sternbilder heute nicht mehr in dem Sektor, dem sie ihren Namen gegeben haben (das Sternbild Widder ist nicht mehr „im Widder" etc.). Dies wird manchmal als Argument dafür angeführt, daß die Astrologie „gar nicht stimmen kann", was aber sehr kurzschlüssig gedacht ist. Denn eine bestimmte Gruppe von Sternen „Stier", „Jungfrau", „Krebs" etc. zu nennen, stellt ja einen höchst willkürlichen Akt dar. Am Anfang stand also die *Symbolik der Himmelssektoren,* und sie führte überhaupt erst zur Namensgebung für einen Sternenhaufen.

Jedem T. wird ein bestimmter Charakter zugeschrieben, der auch durch seinen → Planeten und sein → Element mitbestimmt ist. Was man für gewöhnlich als „das Sternzeichen" eines Menschen bezeichnet, ist jenes T., in dem bei seiner Geburt die Sonne stand.

Tischerücken Volkstümlicher Ausdruck für spiritistische Aktivitäten, weil bei → Séancen die Teilnehmer oft rund um einen Tisch sitzen, der sich dann manchmal → telekinetisch bewegt.

Tonbandstimmen Stimmenaufnahmen, für deren Zustandekommen keine physikalische Erklärung gefunden werden kann und die als Kundgebung von Verstorbenen interpretiert werden. Der Schwede Friedrich Jürgenson entdeckte das Phänomen im Jahre 1959 zufällig, als er längere Zeit ein Tonbandgerät laufen ließ, um Vogelstimmen aufzunehmen. Inzwischen haben zahlreiche „T. forscher" Jürgensons Beobachtungen bestätigt und erweitert. Es sind verschiedene Einspieltechniken in Gebrauch; bei den meisten wird eine „Trägerwelle" zur Verfügung gestellt, welche von den Stimmen offenbar moduliert wird. Dies funktioniert sogar mit Ultraschall.

Wie diese Einwirkung physikalisch vor sich geht, vermag niemand zu sagen; daß Seelisches materielle Vorgänge auslösen kann, ist allerdings nicht neu (→ Spuk, → Psychokinese). Interessant ist in diesem Zusammenhang die alte → magische Praxis, an Quellen, Wasserfällen und im Wind „singenden" Felsen – wo ebenfalls ein konstantes Hintergrundgeräusch herrscht – Geisterbotschaften einzufangen.

T. sind oft nicht leicht zu verstehen und meist sehr kurz und lakonisch. Zwar sind die Mitteilungen offensichtlich sinnvoll und auf den irdischen Gesprächspartner bezogen; im Hinblick auf den praktischen Nutzen ist aber die mentale Kommunikation, wie sie → Medien praktizieren, sehr viel ergiebiger.

Da ähnliche Formen der Interaktion inzwischen auch mit anderen technischen Geräten zustandekommen (Fernsehen, Computer), spricht man heute oft nicht mehr von T., sondern von „Transkommunikation".

Lit.:   Friedrich Jürgenson: Sprechfunk mit Verstorbenen. München 1989.
Hildegard Schäfer: Brücke zwischen Diesseits und Jenseits. Freiburg 1989.

Totenbuch   Ein Werk, das den Weg der Seele nach dem Tode beschreibt und den Sterbenden auf diese Reise vorbereiten soll, damit er im → Jenseits richtig handelt. Bekannt sind das Ägyptische und das Tibetanische T.

Lit.:   Erhard Meier: Weisungen für den Weg der Seele. Freiburg 1987.

Trance   Veränderter Bewußtseinszustand, bei dem die Aufmerksamkeit der Sinne weitgehend von der Außenwelt abgezogen und nach innen gerichtet wird. T. kann u. a. durch Hypnose, Singen, Tanzen, Trommeln,

→ Hemi-Sync-Cassetten, → Mind-Machines erreicht werden.

T. erleichtert das Auftreten von → medialen Vorgängen. „Voll-T.medien" nehmen nicht mehr bewußt wahr, was sie während der T. sagen und tun. Etwas ähnliches geht auch in sog. Besessenheitsreligionen wie dem → Voodoo vor sich. Hier versuchen die Gläubigen, in T. zu fallen und dann von einem Gott in Besitz genommen zu werden.

T. und meditative Versenkung sind nicht das gleiche, was vielen Meditierenden nicht klar ist. Ziel der → Meditation ist ein völlig ruhiger und gleichzeitig *hellwacher* Zustand.

Lit.: Elmar Gruber: Traum, Trance und Tod. Freiburg 1985.

Transkommunikation → Tonbandstimmen.

Transpersonale Psychologie *lat.;* die Person überschreitend. Psychologische Richtung, die auch jene Erfahrungsbereiche zu berücksichtigen sucht, die bisher nur in der Esoterik behandelt wurden. Die T. P. ist im Grunde eine folgerichtige Erweiterung der „Humanistischen Psychologie". → Human Potential Movement.

Lit.: Stanislav Grof: Geburt, Tod und Transzendenz. München 1985.
Charles T. Tart: Transpersonale Psychologie. Olten 1978.

Transzendent *lat.;* darüber hinausgehend. Alles, was die „dreidimensionale", raum-zeitlich gebundene Realität übersteigt. Wegen seiner Unbestimmtheit ist das Wort im → esoterischen Jargon sehr beliebt. Oft wird es austauschbar mit „spirituell" verwendet.

Transzendentale Meditation   Eine von dem Inder Maharishi Mahesh Yogi propagierte Form der → Meditation, bei der der Übende ein → Mantra rezitiert. Die „TM", wie sie oft genannt wird, wurde besonders durch die Beatles bekannt, die sich eine Zeitlang bei Maharishi aufhielten, ihm dann aber enttäuscht den Rücken kehrten. Heute macht die T. M.-Bewegung kaum noch Schlagzeilen, hat jedoch immer noch sehr viele Anhänger und großen Einfluß.

Lit.: Jim Anderson & Bill Stevens: Transzendentale Meditation. Hamburg 1989.

Traum   Dieser „veränderte Bewußtseinszustand" wird meist nur mit Psychologie, aber nicht mit Esoterik in Verbindung gebracht. In spirituellen Traditionen ist der T. aber immer sehr ernstgenommen worden. Naturvölker nehmen an, die Seele gehe im T. auf Reisen. Aufgrund der Erlebnisberichte von Astralreisenden (→ Außerkörperliche Erfahrungen) neigen viele Esoteriker heute dazu, Träume und außerkörperliche Erfahrungen strikt zu unterscheiden. Vielleicht ist diese Trennung aber etwas künstlich. Manche → Sensitive berichten, bei Schlafenden den → Astralkörper in einiger Entfernung über dem physischen schweben zu sehen. Gelegentlich werden Träumende an anderen Orten als → Erscheinung gesehen – ein Phänomen, das von außerkörperlichen Erfahrungen her bekannt ist.

Jedenfalls ist der T. aus esoterischer Sicht nicht nur ein rein innerpsychisches Ereignis, sondern auch eine Gelegenheit, auf der → astralen Ebene mit Verstorbenen und → Geistwesen zu kommunizieren. Verbreitet ist auch die Vorstellung, daß gewisse Träume vom persönlichen → Geistführer eingegeben werden, der dem

Schlafenden damit etwas klarmachen will. Beobachtung und Beschäftigung mit Träumen ist fester Bestandteil vieler Schulungswege. Eine Sonderstellung nimmt
dabei der → Klartraum ein.

→ Telepathie und → Präkognition treten im T. häufig
auf, bleiben allerdings oft unbemerkt, weil wenige Menschen ihre Träume systematisch aufschreiben und mit
Tagesereignissen vergleichen. → Wahrtraum.

*Lit.: Strephon Williams: Durch Traumarbeit zum eigenen Selbst.
Interlaken 1984.*

U

Übersinnlich Mit den normalen Sinnen nicht wahrnehmbar. → Astrale Realität ist in diesem Sinn ü. Viele
Mißverständnisse entstehen dadurch, daß nicht klar
zwischen über*sinnlich* und über*natürlich* unterschieden
wird; übernatürliche Phänomene kann es in der Natur
tatsächlich nicht geben, übersinnliche sehr wohl. Auch
die Physik arbeitet oft mit sinnlich nicht wahrnehmbaren Faktoren. Viele → Skeptiker wollen es aber gar nicht
so genau nehmen und meinen mit ü. alles, was sie für
zweifelhaft oder unmöglich halten.

UFO *engl.: unidentified flying object:* unbekanntes Flug-
objekt. Obwohl im Volksmund „Fliegende Untertas-
sen" genannt, können UFOs doch die verschiedensten
Formen haben und sie gelegentlich sogar im Flug ändern. Auch sonst benehmen sie sich nicht wie gewöhn-
liche Flugzeuge: Sie tauchen plötzlich auf und verschwinden wieder, bewegen sich mit unglaublichen
Geschwindigkeiten vorwärts, ändern dann aber ihre

Richtung abrupt; oft strahlen sie Licht aus, dessen Farbe und Intensität manchmal schnell wechselt. Sie sind ab und zu auf Radarschirmen sichtbar und lassen sich photographieren. Gelegentlich landen sie auch und hinterlassen dann Spuren auf dem Boden, z. B. Abdrükke, verbrannte Erde, radioaktive Strahlung und dehydrierte Pflanzen. In der Nähe von UFOs spielen technische Geräte oft „verrückt", menschliche Beobachter berichten von plötzlicher Schwäche, Lähmungen und Verlust des Zeitgefühls.

Beinahe ebenso erstaunlich wie die Phänomene selbst ist die Tatsache, daß sie immer noch als nicht existent gelten. Obwohl weltweit Tausende garantiert unesoterische Bürger ihre diesbezüglichen Beobachtungen zu Protokoll gegeben haben, obwohl zahlreiche Polizei- und Flugsicherungsberichte sie erwähnen, hält sich hartnäckig die Meinung, man müsse „mystische Neigungen" haben, um ein UFO zu Gesicht zu bekommen.

Menschen, die sich mit Esoterik beschäftigen, sind an Dinge gewöhnt, die allgemein angezweifelt werden; insofern stehen sie der Möglichkeit von UFOs meist neutral bis aufgeschlossen gegenüber. Aber vielen ist das Thema auch nicht geheuer, manchen auch nicht geistig genug. Sie verweisen darauf, daß man den spirituellen Weg sehr wohl gehen kann, ohne zu wissen, wer außer uns sonst noch im All herumdüst.

Dem steht eine kleine, aber enthusiastische Fraktion von „UFO-Freaks" gegenüber, die meist auch Freunde und Förderer der → Außerirdischen sind, als deren Transportmittel die UFOs gelten. Hier finden sich, aus welchen Gründen auch immer, erstaunlich viele Menschen mit einem ausgeprägten Hang zu voreiligen

Schlüssen und großangelegten Verschwörungstheorien, die sich im Besitz der vollen Wahrheit wähnen.

Bei nüchterner Betrachtung rückt die Wahrheit über UFOs allerdings in weite Ferne. Gerade wer die Faktizität der Phänomene anerkennt, steht vor lauter offenen, bislang unlösbaren Fragen. UFOs üben zwar physische Wirkungen aus, sie verletzen aber die uns bekannten Naturgesetze derart, daß zur Zeit noch nicht einmal klar ist, welcher Kategorie von Realität sie zugeordnet werden müssen. Ehe diese Frage eine befriedigende Antwort finden kann, muß die Naturwissenschaft anscheinend noch grundsätzliche Fortschritte machen.

Lit.: Johannes von Buttlar: Das UFO-Phänomen. Berlin 1990.

V

Vertikales Denken Denken in Entsprechungen oder „Korrespondenzen", die graphisch als Senkrechte dargestellt werden. Für gewöhnlich werden die Objekte der Welt „horizontal" zusammengefaßt, d. h. nach ihrer augenscheinlichen Ähnlichkeit; man unterscheidet also z. B. Tiere, Pflanzen, Metalle etc. Das V. D. dagegen subsumiert *einzelne* Tiere, Pflanzen, Metalle etc. unter ein *über*geordnetes Prinzip, etwa dem eines → Planeten. Dann gehören etwa Rabe, Distel, Blei zusammen, weil sie alle das Prinzip des Saturn repräsentieren. Was sie also verbindet, ist eine innere Verwandtschaft, in diesem Fall die „Saturnhaftigkeit". Auf diese Weise entsteht ein höchst komplexes Netz von Beziehungen, die durchaus auch das alltägliche Verhalten beeinflussen können (z. B. wenn man an einem Wochentag nur Nahrungsmittel zu sich nimmt, die zu dem Planeten dieses Tages gehören). Die → Hermetik und, von ihr ausgehend, → Astrologie und → Alchemie haben dieses Denken zur höchsten Blüte gebracht. Auch in der → Magie wird von Korrespondenzen ausgiebig Gebrauch gemacht. So verwendet etwa ein → Ritual für eine bestimmte Gottheit deren „Attribute", also Gegenstände und → Symbole, die in einer inneren Verwandtschaft zu ihr stehen (Beispiel Venus: die Zahl sieben, Rosenduft, Gegenstände aus Kupfer). Dadurch soll nach dem V. D. eine reale Verbindung zur Gottheit und ihrer Kraft hergestellt werden.

Lit.: Thorwald Dethlefsen: Schicksal als Chance. München 1980.

Vision Ein intensives Bild vor dem „inneren" oder „geistigen" Auge, das seinen Betrachter stark bewegt und unter Umständen sein weiteres Leben nachhaltig beeinflußt. Das Wort V. wird heutzutage recht inflationär gebraucht. Menschen, die nur schwer → visualisieren, halten manchmal Bilder für eine V., die für andere alltäglich sind.

Visionssuche Das gezielte Anstreben einer → Vision im Rahmen einer spirituellen Schulung. Bei uns besonders bekannt sind die entsprechenden Traditionen der nordamerikanischen Indianer. Bei einer V. zieht sich der Sucher an einen einsamen Ort in der Wildnis zurück und harrt dort, ohne zu essen und zu trinken, so lange aus, bis sich eine Vision einstellt. Diese wird dann als Belehrung aus der Geisterwelt aufgefaßt, als wichtiger und richtungsweisender Impuls für das weitere Leben des V. rs.

Ein solches Vorgehen versuchen manche westliche Esoteriker nachzuvollziehen, allerdings meist unter Bedingungen, die wesentlich weniger hart sind als die ursprünglichen. Ein zeitlich begrenzter → Workshop etwa kann meist nur einen schwachen Abglanz der Erfahrung einer V. bieten.

Visualisieren Das bewußte Aufbauen eines inneren Bildes. Wichtige Voraussetzung für die → magische Arbeit. V. ist inzwischen aber auch Bestandteil vieler psychologischer Verfahren und Selbsthilfe-Methoden. Dabei wird es teils – wie in der Magie – dazu eingesetzt, ein bestimmtes Ziel geistig zu erschaffen, damit es sich leichter realisieren kann; teils sollen dadurch aber auch bisher unbewußte Inhalte zum Vorschein gebracht werden.

Voodoo *franz.: vauderie;* Zauberei. Auch Voudou oder Wudu geschrieben. Haitianischer → Trancekult, in dem afrikanische und christliche Elemente zusammenfließen.

Bei uns besonders bekannt ist die „V.-Puppe": Von einem Menschen, den man schädigen will, stellt man ein Abbild aus Wachs her, das auf seinen Namen getauft wird. Dann durchbohrt man die Puppe mit Nadeln, was verheerende Wirkungen auf das Opfer haben soll. Diese Prozedur ist aber keineswegs auf das V. beschränkt, sondern stellt eine der grundlegenden Techniken der schwarzen → Magie dar.

W

Wahrtraum Ein Traum, der ein Ereignis vorwegnimmt, das später tatsächlich eintritt; also ein Fall von → Präkognition. Vor allem diese perspektivische Qualität mancher Träume ist gemeint, wenn der Volksmund sagt, daß „an Träumen etwas dran ist".
Lit.: David Ryback und Letitia Schweitzer: Wahrträume. München 1990.

Walk-In *engl.;* jemand, der hereinspaziert. Eine Seele, die den Körper eines Menschen übernimmt, wenn dieser seine bisherige Seele verliert – sei es infolge einer schweren Krankheit, einer → Nahtod-Erfahrung oder einfach, weil die alte Seele keine Entwicklungsmöglichkeiten mehr für sich sieht. W. I. sollen hochentwickelte Wesen sein, die dieses Manöver durchführen, um die Evolution der Menschheit zu beschleunigen.

Auf Europäer wirkt das Konzept etwas gespenstisch, in den USA ist es aber in einschlägigen Kreisen sehr verbreitet, wozu besonders die Autorin Ruth Montgomery beigetragen hat. Im Gespräch mit amerikanischen Esoterikern kann man es immer wieder erleben, daß jemand von einem ihm bekannten W. I. erzählt oder sich selbst als solchen bezeichnet.
Lit.: Ruth Montgomery: Strangers Among Us. New York 1979.

Wassermann Sternzeichen derjenigen, die zwischen dem 21. Januar und 19. Februar geboren sind. Entscheidend wichtig für die astrologische Begründung des beginnenden neuen Zeitalters, des → New Age: Im Laufe von 25868 Jahren durchläuft die Verlängerung der Erdachse einmal den gesamten Tierkreis; in einem der zwölf Sektoren oder → Tierkreiszeichen befindet sie sich also etwas länger als 2000 Jahre. Diese Epoche, auch „Weltenmonat" genannt, soll von dem Charakter des jeweiligen Tierkreiszeichens geprägt sein.

Zur Zeit befinden wir uns am Übergang vom Weltenmonat der Fische in den des W. s. Davon versprechen sich Esoteriker eine Epoche der Toleranz und Humanität, der Spiritualität, der Brüder- und Schwesterlichkeit, der Innovation. Allerdings hat der W., wie alle Zeichen, nicht nur angenehme Seiten: Er kann nervös, exzentrisch, sprunghaft sein ; sein „Planetenherrscher", der Uranus, steht für schnellen Wandel ebenso wie für gewaltsame Revolutionen. Die rosigen Erwartungen, die sich auf das kommende Zeitalter richten, sind also selbst aus astrologischer Sicht nicht so zwingend, wie es oft dargestellt wird. → Astrologie, → Sanfte Verschwörung.

Lit.: Alfons Rosenberg: Durchbruch zur Zukunft. München 1958.

Weiße Bruderschaft „Die geheimen Meister hinter den manifesten Orden." Eine legendäre Vereinigung von hochentwickelten Wesen (ob inkarniert oder nicht, ist umstritten), die es sich zur Aufgabe gemacht haben, die irdischen → Orden zu lenken und zu betreuen, wobei sie weitgehend unerkannt bleiben. Viele → Geheimgesellschaften haben behauptet, mit der W.B. in Verbindung zu stehen. Auch als Ansprechpartner beim → Channeling sind die Mitglieder der W.B. sehr beliebt. Oft steckt hinter solchen Behauptungen eine schlichte Botschaft: Wir gehören zu den Guten und haben ausgezeichnete Verbindungen. → Meister.

Wicca Naturreligion, mit der moderne → Hexen an die Tradition ihrer VorgängerInnen anzuknüpfen suchen. Im W. werden die Mondgöttin und ein gehörnter Gott verehrt; Rituale werden, wann immer möglich, in freier Natur und manchmal nackt durchgeführt. Rituelle Höhepunkte des Jahres sind die Tagundnachtgleichen und die Sonnenwenden, für die oft die alten keltischen Bezeichnungen verwendet werden. W.-AnhängerInnen glauben an ein Leben der Seele nach dem Tode wie auch an die → Reinkarnation und bemühen sich um gute Beziehungen zu Naturgeistern (Feen, Gnome etc.).

Die Elemente des W. sind zweifellos sehr alt; ob damit allerdings wirklich die ursprüngliche Kultform wiederbelebt wird, ist eher fraglich. Auch die Behauptung, die Hexen des auslaufenden Mittelalters, die dann Opfer der kirchlichen Verfolgung wurden, hätten nur W. und sonst nichts praktiziert, hält einer historischen Überprüfung nicht stand.

Lit.: Jörg Wichmann: Wicca. Berlin 1984.
Starhawk: Der Hexenkult als Urreligion der Großen Göttin.
Freiburg 1973.

Wiedergeburt → Reinkarnation.

Workshop *engl.;* Werkstatt. Eine Veranstaltung, zu der sich eine Gruppe für einige Tage, oft für ein Wochenende, zusammenfindet, um mit einem Gruppenleiter neue Fertigkeiten zu lernen und Erfahrungen zu machen. („Bequeme Kleidung und eine Decke mitbringen.") W. s haben ihre eigene Dynamik, die schon aus dem → Human Potential Movement gut bekannt ist: Die Gruppe bildet oft in kurzer Zeit eine kleine Welt für sich, in der ein intensiver Austausch zwischen den Mitgliedern stattfindet. Danach kann es aber zu harten Landungen in der schnöden Realität des Alltags kommen. Auch können Teilnehmer, bei denen heftige psychische und energetische Vorgänge ausgelöst wurden, oft nicht mehr vom Gruppenleiter betreut werden. Ein didaktischer Nachteil von W.s besteht darin, daß selbst Wissen, das langer und geduldiger Aneignung bedürfte, notwendigerweise in kleinen Portionen angeboten wird. W.s können allenfalls Kostproben bieten.

Wunder Nach herkömmlichem Verständnis werden bei einem W. „die Naturgesetze aufgehoben". Diese Auffassung hält genauerer Überlegung aber nicht stand; denn was für ein Gesetz wäre das, wenn es nicht immer gilt? Die Kirche behalf sich damit, W. als das direkte Eingreifen Gottes zu interpretieren – ein Ausweg, der dem modernen Menschen mit seinem säkularisierten Weltbild leider verbaut ist. Folglich bringen vermeintliche W. den → Rationalisten oder → Skeptiker aus der Ruhe.

Wissenschaftliches Vorgehen würde verlangen, angebliche W. zunächst genau zu untersuchen und, falls sie verifiziert werden können, als „Anomalien" aufzufassen, die zeigen, daß unsere Kenntnis der Naturgesetze unvollständig ist. Sie würden dann nach einer Erweiterung der bisherigen Theorien verlangen und dadurch den Fortschritt der Wissenschaft vorantreiben.

In der Praxis halten sich nicht einmal Wissenschaftler an dieses einfache Prinzip, obwohl es jeder Student im ersten Semester gelernt hat. Beim Laien mit seinen eher zufälligen naturwissenschaftlichen Kenntnissen hängt es noch viel stärker von psychologischen und sozialen

Faktoren ab, was er als W. und daher als „eigentlich unmöglich" betrachtet.

Wer sich mit Gebieten zu befassen beginnt, die heute als esoterisch gelten, wird in kürzester Zeit mit W. n aller Art konfrontiert. Allein die Archive der → Parapsychologen quellen über von Fällen, die die meisten Menschen ohne Zögern als offensichtliche Phantasterei bezeichnen würden (z. B. → Erscheinungen, → Levitationen, → Materialisationen, → Psychokinese, → Spuk).

Unsere überaus enge Auffassung davon, was als W. einzustufen ist, entspringt einer abergläubischen Überschätzung des gegenwärtigen Wissensstandes. Nur so ist es möglich, daß Skeptiker die Frage: „Wie soll das denn funktionieren?" so stellen, als handle es sich um ein Argument für die Unmöglichkeit eines Ereignisses. (Wenn es darauf keine Antwort gibt, ist der Vorgang unmöglich.)

Im übrigen war die Verbindung zwischen Esoterik und W. nie so zwingend, wie sie heute gesehen wird. Zwar haben alte → Kosmologien für W. Platz. W. galten aber meist als unwesentlich für die spirituelle Entwicklung. → Esoterik und Wissenschaft.

Lit.: Herbert Pietschmann: Das Ende des wissenschaftlichen Zeitalters. Frankfurt 1983.

Wünschelrute Ursprünglich eine Astgabel, die so zwischen den Händen gehalten wird, daß sie etwas unter Spannung steht und sich leicht nach oben und unten bewegen kann. Heute werden W. n meist aus Metall und in den verschiedensten Formen hergestellt.

Die „klassische" Aufgabe, für welche die W. immer schon eingesetzt wurde, ist das Aufspüren von Wasser oder Metall im Boden. Man kann mit ihrer Hilfe aber auch „Reizzonen" feststellen, in denen krankmachende → Erdstrahlen vermutet werden, oder → Energiefelder im Körper erfassen. Manche Praktiker verwenden die W. auch in rein hellseherischer Weise: Sie stellen Mentalfragen und lesen die Antwort an den Ausschlägen der W. ab.

Wie das → Pendel hat auch die W. selbst nichts „Magisches" an sich. Sie dient lediglich als Anzeigegerät für feinste Muskelbewegungen. Voraussetzung für eine erfolgreiche „Mutung" ist die Empfindlichkeit und Genauigkeit des W.ngängers. Worauf er dabei anspricht, ist eine andere Frage. → Radiästhesie.

Lit.: Tom Graves: Radiästhesie. Freiburg 1987.

X

Xenoglossie Das auch aus der Bibel bekannte „Reden in fremden Zungen". Jemand beherrscht eine fremde Sprache, die ihm normalerweise nicht verfügbar ist, mehr oder minder fließend. X. kann in spontanen → Trancezuständen, unter Hypnose, bei → Rückführungen und beim → Channeling auftreten. Psychologen vermuten in solchen Fällen gerne, der Sprecher aktiviere dabei nur unbewußt gewordene Erinnerungen. In vielen Fällen ist diese Hypothese aber durch nichts zu untermauern; insbesondere dann nicht, wenn der Sprecher eine alte Form einer Sprache verwendet, die er zu Lebzeiten nicht gehört haben kann (zumindest nicht in seiner gegenwärtigen → Inkarnation).

Y

Yin und Yang Im → Taoismus die beiden polaren Aspekte der universellen Lebensenergie → Chi. Yang ist dabei hell, aktiv, nach außen gerichtet, Yin dunkel, passiv, nach innen gerichtet. Yang ist z. B. der Himmel, das Feuer, der Sommer, Yin die Erde, der Mond, das Wasser, der Winter. Am häufigsten wird Yang als das männliche und Yin als das weibliche Prinzip bezeichnet. Mit dieser Unterscheidung haben freilich feministisch fühlende EsoterikerInnen ihre Schwierigkeiten, da sie allzu genau mit herkömmlichen Geschlechterrollen übereinstimmt.

Wenn man darüber spekuliert, wie „yin" oder „yang" eine bestimmte Person, ein Prozeß oder eine Sache ist, sollte man nicht übersehen, daß nach taoistischer Auffassung alle Phänomene durch ein dynamisches Zusammenwirken dieser beiden Aspekte zustande kommen. Genaugenommen kann allenfalls vom *Überwiegen* der einen oder anderen Seite die Rede sein, denn beide sind untrennbar miteinander verbunden. → Polarität.

Yoga *Sanskrit;* Joch. Im Hinduismus ein Übungsweg, um die Begrenzungen der materiellen Welt und die Herrschaft der Sinne zu überwinden und die Einheit mit dem Absoluten zu erreichen. Y. umfaßt eine Fülle von verschiedenen Übungen, die großen Einsatz und Disziplin verlangen. Je nach der Praxis, die dabei im Vordergrund steht, unterscheidet man verschiedene Arten von Y., darunter Karma-Y. (gewissenhafte Erfüllung der auferlegten Pflichten), Raja-Y. (Konzentration und Meditation), Bhakti-Y. (Anbetung der Gottheit), Inana-Y.

(Wissen), Kundalini-Y. (Erweckung der → Kundalini-Energie) und Hatha-Y. (Beherrschung des Körpers).

Was man für gewöhnlich als „Y. übungen" bezeichnet, sind die → Asanas des Hatha-Y.

Lit.: Georg Feuerstein: Der Yoga im Lichte der Bewußtseinsgeschichte der indischen Kultur. Schaffhausen 1981.
Andra vén Lysebeth: Yoga. München 1982.

Z

Za-Zen Die spezifische Form der → Meditation im → Zen-Buddhismus. Der Meditierende sitzt auf einem Kissen im → Lotussitz, die Hände liegen gefaltet im Schoß, wobei die linke in die rechte Hand gelegt wird und die Daumen einander berühren. Die Augen sind leicht geöffnet und auf einen Punkt am Boden in etwa einem Meter Entfernung gerichtet, der Atem geht leicht und langsam. Beim Z. Z. sollen alle aufsteigenden Gedanken und Gefühle registriert, aber nicht weiter beachtet werden.

Zen Die bei uns populärste Spielart des → Buddhismus, aus Japan stammend. Die Z. praxis zeichnet sich durch Einfachheit und Strenge aus und verlangt große Ausdauer. Komplizierte Übungen und Bewußtseinsabenteuer werden im Z. abgelehnt, der Fortschritt soll durch beständiges Üben von sehr grundlegenden Methoden erreicht werden, wie stille → Meditation (→ Za-Zen), Nachdenken über → Koans und über Z. künste wie das Bogenschießen, Blumenstecken und die Teezeremonie. Auch der Dialog mit dem Meister und die Achtsamkeit bei den Handlungen des täglichen Lebens spielen eine große Rolle. Im Westen steht eindeutig die Meditation im Vordergrund; Z.schüler gelten als die unerbittlichsten Meditierer weit und breit.

Lit.: *Daisetz Suzuki: Die große Befreiung. München 1979.*
Eugen Herrigel: Zen in der Kunst des Bogenschießens. München 1978.
Janwillem van de Wetering: Der leere Spiegel. Köln 1977.

Zen-Schlag In Zen-Klöstern geht ein Mönch beim → Za-Zen zwischen den Meditierenden mit einem Stock in der Hand auf und ab. Wenn er wahrnimmt, daß ein Schüler in seiner Achtsamkeit nachläßt, schlägt er ihn auf die Schulter, worauf sich dieser verneigt, um für die Belehrung zu danken.

Dadurch ist der Z. S. zur Metapher geworden für eine Lektion, die zwar hart, aber notwendig ist. Außerhalb von Klöstern bekommen Menschen ihren Z.S. meist vom Schicksal.

Zodiak Andere Bezeichnung für → Tierkreis.

Zombie Im → Voodoo ein Toter, den die Kunst eines Zauberers wieder zum Leben erweckt hat. Z. s besitzen keinen eigenen Willen, sie können deshalb von ihrem Herrn wie ein Roboter oder Sklave für körperliche Arbeiten herangezogen werden. Essen Z. s Salz, so wachen sie aus ihrem „untoten" Zustand auf und eilen zum Friedhof, um wieder ins Grab zu steigen. Jedenfalls in Haiti.

Lektüre-Empfehlungen
eines Vor-Lesers

Wohl nirgendwo hat sich der verbreitete Hang zur Spiritualität so konkret ausgewirkt wie auf dem Buchmarkt. Seit über 10 Jahren wird hier ein erstaunlich großer Teil des Gesamtumsatzes mit esoterischen Titeln erzielt – Schätzungen schwanken um die 10 Prozent. Wer nichts anderes täte, als all die Neuerscheinungen eines Jahres zu lesen, wäre wahrscheinlich gerade im nächsten Herbst fertig.

Die einschlägigen Buchläden leiden also unter chronischen Platzproblemen, und auch die Kunden fühlen sich leicht überwältigt. Zwar müssen sie nicht, wie die Profis, den Überblick behalten, aber der Durchblick ist schon schwer genug. So viel Verschiedenes findet sich da unter einem Dach zusammen, daß man kaum weiß, wo zuerst hingreifen.

Wie wäre es also mit einer *Einführung*? Einige werden besonders gern genommen. Zum Beispiel *Hans Dieter Leuenberger: Das ist Esoterik* oder *Thorwald Dethlefsen: Schicksal als Chance*. Besonders bei Dethlefsen ist leicht zu erklären, wie sein Erfolg zustande kommt: Er ist ein guter Didaktiker, seine Texte sind logisch aufgebaut, was er sagt, ist verständlich und leuchtet ein. Genau aus dem Grund rate ich, *nicht* mit ihm anzufangen. Hier wird einfach zu vieles zu endgültig beantwortet. Nach Dethlefsen glaubt man, es gebe nichts mehr zu fragen, es stehe nun ein für allemal fest, was „die Esoterik" ist und was sie sagt. Wer ihn wörtlich nimmt, wird einer von diesen notorischen Bescheidwissern, die ihren unerleuchteten Zeitgenossen so oft auf die Nerven gehen.

Die gleiche trügerische Klarheit erzeugt *Fritjof Capra*. Daß er kein „Vordenker des New Age" ist, wie immer behauptet wird, sondern nur Gedanken von anderen zusammenfaßt, wäre nicht schlimm; es ist die Art, wie er das tut. Immer läuft es bei ihm auf fein säuberliche Trennungen hinaus: das alte gegen das neue Paradigma, die analytische gegen die holistische Wissenschaft, Dualismus gegen Monismus – die Realität außerhalb der Buchläden tut uns leider nicht den Gefallen, so übersichtlich zu sein.

Zum Glück muß ich es hier nicht beim Nörgeln bewenden lassen. Seit 1990 gibt es *Jörg Wichmann: Die Renaissance der Esoterik*. Wichmann vereinigt Qualitäten, die man in diesem Bereich viel zu selten antrifft. Er verfügt über umfassendes Wissen, er formuliert sorgfältig und anschaulich, er läßt seine eigene Position erkennen, ohne sie dem Leser aufzuschwatzen. Nie spielt er sich als überlegener Schulmeister auf; nach seinem Buch weiß man zwar viel, ist sich aber auch bewußt, wie viel es noch zu lernen gibt. Ich würde also sehr empfehlen, erst einmal mit Wichmanns Einführung anzufangen, bevor man sich den großen Wahrheits-Verkündern zuwendet.

Anstrengender für den Einsteiger, aber eine Anschaffung für lange Zeit ist *Colin Wilson: Das Okkulte*. Wilson ist ein Vielschreiber mit einem Hang zu persönlichen Geschichten und zum Philosophieren. Deswegen muß man sich bei ihm durch ziemliche Textmengen arbeiten. Meiner Meinung nach lohnt es sich. Denn es kommen tatsächlich fast alle wichtigen Personen und Themen vor, die einem auch anderswo immer wieder begegnen. Man wird auf Wilson oft zurückgreifen, besonders, wenn es um Biographien geht.

Eine gute, knappe und verständliche Übersicht über spirituelle Systeme mit vielen Buchtips bietet *Bruno Martin: Handbuch der spirituellen Wege*.

Bei den *Nachschlagewerken* sieht (oder soll ich sagen sah?) es nicht so gut aus. Mit über 3500 Stichworten demonstriert *Nevill Drury: Lexikon esoterischen Wissens* eindrucksvoll, wie umfangreich das Gebiet ist. Leider handelt er zentrale Konzepte ebenso kurz ab wie Nebenaspekte, was gerade den Anfänger frustrieren wird. Geradezu kurios dagegen *Horst Miers: Lexikon des Geheimwissens*. Miers scheint unter Geheimwissen hauptsächlich „Interna aus Geheimgesellschaften" zu verstehen, mit dem Ergebnis, daß man sich die relevanten Informationen aus einem Berg von tendenziösem Klatsch und Tratsch heraussuchen muß, der nur die jeweiligen Insider interessiert. Das *New Age-Wörterbuch von Elmar Gruber und Susan Fassberg* macht deutlich, daß New Age nicht gleich Esoterik ist. Es behandelt mehr die Theorie der Zeitenwende, und das auch auf eine sehr theoretische Art. *Gerhard Wehr: Wörterbuch der Esoterik* ist deutlich theologisch geprägt. Hier fühlt man sich in die sterile Atmosphäre eines Priesterseminars versetzt, das bunte Treiben des real existierenden spirituellen Supermarktes scheint weit entfernt. Die Belesenheit des Autors steht allerdings außer Zweifel.

Es gibt immer wieder Bücher, die einem durch ihre weite Perspektive ein Gebiet so gründlich erschließen, daß man sich viele andere Werke zum gleichen Thema sparen kann. Drei möchte ich erwähnen: *Ian Currie: Nie-*

mand stirbt für alle Zeit behandelt alles, was mit dem Leben nach dem Tode zu tun hat. *D. Scott Rogo: Parapsychologie – Hundert Jahre Forschung* dokumentiert die Wissenschaft vom Unglaublichen ausführlich und ohne persönliche Einseitigkeiten. *Barbara Walker: Die Geheimnisse des Tarot* erscheint auf den ersten Blick sehr speziell, stellt sich aber bei genauerem Studium geradezu als Schatzkammer von mythologischen und historischen Fakten heraus, die in der Literatur ständig erwähnt, aber selten gründlich ausgeführt werden. Danach verschenkt man seine anderen Tarot-Bücher leichten Herzens.

Und wo bleibt die Erbauung? Keine Angst, das Angebot ist reichhaltig. Von mir nur zwei Tips: *David Steindl-Rast: Fülle und Nichts* vermittelt auf eine wunderschöne, im besten Sinne schlichte Weise, was es bedeutet, mit einem religiösen Grundgefühl zu leben. Und *Thaddeus Golas: Der Erleuchtung ist es egal, wie du sie erlangst* sprengt ohnehin alle Grenzen, braucht dazu aber weniger als 100 Seiten. Im Original *The Lazy Man's Guide to Enlightenment* (sinngemäß „Erleuchtung für Faule") genannt, faßt es tatsächlich einmal das Unsagbare kurz und bündig zusammen; sein Autor hat seither keine Zeile mehr geschrieben.

Buchtips gehören zu den kostbarsten Gütern, die man unter esoterischen Freunden austauscht. Oft markiert die Begegnung mit einem bestimmten Werk auch einen markanten Punkt auf dem persönlichen Weg („Das war, als ich gerade ‚Die mystische Kabbala' las"). Immer wieder wird berichtet, wie jemandem ein bestimmtes Buch genau im richtigen Moment in die Hände fiel (natürlich nicht zufällig, denn Zufälle gibt es nicht).

Liefert ein bestimmter Autor zu einem Zeitpunkt auch nur wenige entscheidende Sätze, so treten seine möglichen Schwächen erst einmal in den Hintergrund. Über die Banalitäten, die er sonst noch gesagt hat, kann man sich später ärgern. Umgekehrt braucht man manchmal Jahre, um die Qualitäten eines Werkes zu entdecken. Auf einem Gebiet, wo für jeden so viele „Prozesse ablaufen", wie es immer heißt, verläuft die Beziehung zwischen Autor und Leser noch viel individueller als sonst schon, beinahe biographisch. Es lohnt sich, ein Gefühl für diese Abläufe zu entwickeln, dann können Bücher genauso hilfreich werden wie die magischen Gegenstände, die dem Helden im Märchen immer von seinen Helfern mitgegeben werden.

Allgemein kann ich Einsteigern eigentlich nur raten, sich nicht einschüchtern zu lassen. Gerade die dümmeren Autoren nutzen die Tatsache, daß es in der Esoterik um bedeutungsvolle Inhalte geht, schamlos aus. Auch über die Letzten Dinge kann man klar, präzise, unprätentiös schreiben, wenn man sie wirklich verstanden hat. Dunkle Andeutungen von unermeßlichen Tiefen der Weisheit, die nur dem Eingeweihten zugänglich sind, erhabenes Donnergrollen, transzendente Spiralnebel, in denen alle Konturen verschwimmen – wirklich kluge Lehrer haben so etwas nicht nötig. Wer die Wahrheit darstellen will, setzt nicht sich selbst in Szene. Und ein Erleuchteter, der noch nicht einmal einen vernünftigen Text zuwege bringt, sollte einen nachdenklich stimmen.

Ja, aber gelten hier nicht andere Gesetze? Stößt man nicht andauernd an die Grenzen des Absoluten, das sich mit Worten gar nicht mehr fassen läßt? Im Prinzip schon, aber...

„Über Musik reden ist wie ein erzähltes Mittagessen",
hat der Komponist Max Reger einmal gesagt. Musiker
stimmen ihm zu, aber sie reden ständig über Musik,
und zwar mit großem Vergnügen – weil sie eben auch
musizieren! Mit der Esoterik ist das nicht anders: Ohne
die persönliche Erfahrung bleiben die Worte nur Worte.
Für den, der weiß, was sie meinen, werden sie zur
Quelle der Freude.